汽车美容与装饰

一体化教材

主　编◎吴　杰　李国君　林方龙
副主编◎吕庆志　梁树洋　陈光倍
参　编◎欧阳斌　陈龙强　刘　健　周　宁
　　　　李素强　梁　胜　覃海春　田君华
　　　　何宗霖　何晓珠　蒙利武

電子工業出版社
Publishing House of Electronics Industry
北京·BEIJING

内 容 简 介

本书以工作过程为导向，以典型工作任务为载体，采用项目教学的方式组织内容。本书的主要内容包括汽车美容与装饰基础、汽车车身美容护理、汽车室内清洁护理、汽车漆面护理、汽车装饰保护和汽车防护六个项目，每个项目由若干个任务组成，每个任务由“任务引入”“相关知识”“任务实施”“技能训练”等内容组成。在任务引入部分，通过每个典型工作任务引出完成该工作任务所需要的理论知识和技能；在相关知识部分，详细介绍了完成该工作任务所需要的知识与技能；在任务实施部分，介绍了汽车室内和发动机舱的养护方法，以及车身外部的养护和装饰，同时强调了课程思政元素。另外，本书配有与之相对应的工作页，学生在完成专业技能操作后，可以通过完成工作页巩固相应的理论知识。

本书既可以作为中、高等职业学校汽车类专业的教学用书，又可以作为汽车维修技术人员和汽车技术爱好者的参考、学习、培训用书。

图书在版编目（CIP）数据

汽车美容与装饰一体化教材 / 吴杰，李国君，林方龙主编. —北京：电子工业出版社，2023.8

ISBN 978-7-121-46266-5

Ⅰ. ①汽… Ⅱ. ①吴… ②李… ③林… Ⅲ. ①汽车—车辆保养—职业教育—教材 Ⅳ. ①U472

中国国家版本馆 CIP 数据核字（2023）第 167675 号

责任编辑：张镨丹　　特约编辑：徐　震
印　　刷：三河市双峰印刷装订有限公司
装　　订：三河市双峰印刷装订有限公司
出版发行：电子工业出版社
　　　　　北京市海淀区万寿路 173 信箱　邮编　100036
开　　本：880×1 230　1/16　印张：11.25　字数：270 千字
版　　次：2023 年 8 月第 1 版
印　　次：2023 年 8 月第 1 次印刷
定　　价：34.50 元

凡所购买电子工业出版社图书有缺损问题，请向购买书店调换。若书店售缺，请与本社发行部联系，联系及邮购电话：（010）88254888，88258888。

质量投诉请发邮件至zlts@phei.com.cn，盗版侵权举报请发邮件至dbqq@phei.com.cn。

本书咨询联系方式：（010）88254549，zhangpd@phei.com.cn。

PREFACE 前言

汽车美容与装饰是汽车养护的典型工作任务之一，也是汽车维修技术人员需要掌握的基本技能，还是中、高等职业学校汽车类专业的一门专业基础课程。

本书以工作过程为导向，以典型工作任务为载体，采用项目教学的方式组织内容。本书的主要内容包括汽车美容与装饰基础、汽车车身美容护理、汽车室内清洁护理、汽车漆面护理、汽车装饰保护和汽车防护六个项目，每个项目由若干个任务组成，每个任务由“任务引入”“相关知识”“任务实施”“技能训练”等内容组成，同时在“相关知识”和“任务实施”两个部分增加了一些小栏目，如“拓展知识”等。在任务引入部分，通过每个典型工作任务引出完成该工作任务所需要的理论知识和技能；在相关知识部分，详细介绍了完成该工作任务所需要的知识与技能；在任务实施部分，介绍了汽车室内和发动机舱的养护方法，以及车身外部的养护和装饰。另外，本书配有与之相对应的工作页，学生在完成专业技能操作后，可以通过完成工作页巩固相应的理论知识。工作页引入专业技能及课程考核方案，专业技能通过随堂考核的方式，将“教”“学”“做”“考”巧妙地融为一体，既可以检验学生的专业技能水平，又可以体现教师的教学水平。

课程教学目标增加了思政目标，教师在课前或专业技能实训时可以组织学生观看环境保护、大国工匠等视频，培养学生对专业技能精益求精的工匠精神，养成遵纪守法的良好品德，践行社会主义核心价值观，从而实现专业课与思政课同向同行。

本书由广西物资学校牵头，联合二十余所职业学校，依托广西物资学校汽车运用与维修专业实训室建设项目（项目编号：GXZC2021-J1-000913-GXZL），在汽车专业理实一体化教学改革成果（获得国家教学成果奖二等奖）的基础上修编而成。

由于编者能力和水平有限，书中难免存在不足之处，敬请广大读者提出宝贵意见，在此深表感谢。

编　者

CONTENTS

目 录

项目一

汽车美容与装饰基础

项目描述

汽车美容与装饰采用专业的美容产品和先进的设备，按照一定的工艺，由表及里进行全面细致的维护，使汽车外观靓丽如新。本项目介绍了汽车美容与装饰的基本原则及注意事项、现状及发展前景，以及汽车美容与装饰的主要项目等内容。

任务 汽车美容与装饰基础认识

知识目标

1. 了解汽车美容与装饰的含义。
2. 了解汽车美容与装饰的现状及发展前景。
3. 掌握汽车美容与装饰的作业内容。

能力目标

1. 能说出汽车美容与装饰常见的作业内容。
2. 能描述出汽车美容与装饰的现状及发展前景。

思政目标

1. 通过课堂教学活动培养学生的职业素养及法律意识。
2. 通过学生小组合作学习，培养学生爱岗敬业、团结互助的价值观。
3. 通过对国内外产品的认知比较，培养学生的爱国主义情怀。

任务引入

谈及汽车美容，大家的第一反应就是把汽车的外观清洗干净。刘老师问身边的学生：除了洗车，汽车美容还有哪些内容？汽车装饰主要有哪些项目？同学们，请查阅汽车美容与装饰的相关资料，回答以上问题。

本项目针对初学者介绍了汽车美容与装饰作业的主要内容、汽车美容与装饰的现状及发展前景。

相关知识

20 世纪 90 年代初汽车美容在我国出现，随着我国汽车工业的迅速发展和汽车社会保有量的不断增加，汽车美容与装饰行业的规模也有了较快发展，它已成为普及性的、专业化很强的服务行业。

一、汽车美容

汽车美容是指由受过专业培训的技术人员，根据汽车车身各部分不同的材质，使用具有针对性的养护产品和专业工具及设备，按照一定的工艺，由表及里进行全面细致的维护，使汽车外观靓丽如新，汽车漆面能一直保持光亮状态，而且防止汽车漆面老化，能有效延长汽车使用寿命的养护作业，具有规范性、专业性、系统性及高效性等特点。它不仅包括车内外清洁、打蜡等常规美容护理，还包括采用专业美容产品、高科技设备、特殊工艺和方法，对汽车漆面进行增光、镀膜、划痕处理，以及发动机表面翻新、汽车底盘防腐涂胶、汽车轮胎更换维修、车身油漆修补等养护技术。

1. 汽车日常所受伤害的类型

汽车在使用过程中，由于受紫外线、空气中的有害物质、道路的条件等影响，汽车漆面会受到各种各样的伤害，具体如下。

1）紫外线对车身油漆的伤害

车身油漆经过阳光中的紫外线长时间的照射，漆层内部的油脂部分会大量损失，汽车漆面变得干燥，会出现失光、异色斑点甚至龟裂等现象，影响汽车的美观。

2）有害气体对汽车漆面的伤害

随着全球大气污染的日益严重，大气中的有害气体，如二氧化硫、二氧化氮等含量逐步增加。在高速行驶过程中，汽车车体与气体摩擦，使汽车漆面形成一层强烈的静电，由于静电的作用，大大增加了汽车漆面有害气体的附着。

3）雨水、雪水对汽车漆面、底盘的伤害

由于工业污染，雨水中二氧化硫、二氧化氮、盐及其他物质的含量增多而形成的酸雨，会对汽车漆面造成持续伤害。

4）其他因素对汽车的伤害

汽车在运行过程中也会受到外界的伤害，如汽车漆面被硬物划伤、擦伤，鸟粪或飞漆等附着于汽车漆面而形成的伤害，碎石、较高突出物对汽车底盘的撞击等。

2. 汽车美容的作用

汽车在使用过程中，由于日晒雨淋、周边环境及使用的道路条件等都会对车身表面或底盘产生伤害，为减少这些伤害以保护汽车，因此各种各样的汽车美容应运而生。

1）保护作用

随着汽车工业的发展，汽车室内的材料品种越来越多，而汽车在使用过程中由于受风吹、日晒、雨淋等侵蚀，加上环境污染的影响，使这些装饰件产生失光、变色、老化等损坏的现象。车厢内部平时因受外界油烟、泥沙、吸烟、乘客汗渍及空调循环等不良因素的影响，使车厢内空气受到污染，长期使用易藏污纳垢，不但令人生厌，而且使细菌滋生而产生霉味，使丝绒织物发霉、真皮老化，出现皮革断裂、掉浆、变形、粗糙、松面等现象，影响驾乘人员的身心健康，所以车主不但要经常清洗，而且需要经常保养、消毒。汽车美容不仅可以保护人们的身体健康，还可以保护汽车零部件，提高汽车零部件的使用寿命。

2）装饰作用

通过汽车美容，可以使汽车涂层平整，鲜艳光亮，保持汽车美丽的容颜。车主可以通过汽车装饰，彰显自己的个性。

3）美化作用

汽车美容使道路上行驶的汽车不再被灰尘、污垢堆积，汽车漆面不再单调暗淡，也不再锈迹斑斑，这对于美化一个城市的环境非常重要。

3. 汽车美容作业项目

1）根据美容操作的程度分类

根据美容操作程度的不同，汽车美容可以分为一般美容、汽车修复美容和专业汽车美容三种。

（1）一般美容。

一般美容是指保持汽车漆面和室内零部件表面亮丽而进行的美容作业，主要包括车身美容护理和内饰美容护理。

① 车身美容护理。车身美容护理服务项目包括汽车外部清洗、车身上蜡和汽车漆面深度清洁等。

② 内饰美容护理。内饰美容护理服务项目可以分为车室美容、发动机美容及后备箱清洁等。其中，车室美容包括仪表板、顶篷、地毯、脚垫、座椅、座套、车门内饰的吸尘清洁保护，以及蒸汽杀菌、冷暖风口除臭、室内空气净化等项目。发动机美容包括发动机冲洗清洁、喷上光保护剂、做翻新处理、三滤清洁等项目。

（2）汽车修复美容。

汽车修复美容是指修复汽车漆面或汽车内饰件表面缺陷的美容作业。常见的表面缺陷有漆面划痕、漆面斑点、内饰件表面破损等，一般通过表面处理、局部修补或全车翻新来修复漆面，通过修补或更换来处理汽车内饰件的表面缺陷。由于汽车修复美容需要专业的工具和设备，因此，汽车修复美容必须由专业汽车美容与装饰店来完成。

（3）专业汽车美容。

专业汽车美容是通过使用先进的设备和优质的专用养护产品，针对汽车各部位的材质，经过几十道工序，从车身、内饰、发动机、轮胎、底盘、保险杠到油路、电路、空调系统、冷却系统、进排气系统等各部位进行有针对性的保养、维护与翻新。专业汽车美容具有系统性、规范性、专业性等特点，它可以使经过专业美容后的汽车外观光亮如新，汽车漆面光亮长时间保持，使划痕玻璃完好如初，使外露的金属表面呈现金属光泽，使汽车轮辋光泽亮丽，有效延长汽车的使用寿命。

所谓系统性就是着眼于汽车的自身特点，由表及里进行全面细致的保养；所谓规范性就是每一道工序都有标准而规范的技术要求；所谓专业性就是严格按照工序要求采用专业工具、专业产品和专业手段进行操作。

2）根据美容作业的部位分类

根据美容作业部位的不同，汽车美容可以分为车身美容、室内美容、漆面美容、发动机美容、汽车防护等。

（1）车身美容。

车身美容包括高压洗车，去除沥青、焦油等污物，打蜡抛光，新车开蜡，钢圈、轮胎、保险杠翻新及底盘防腐涂胶处理等项目。

（2）室内美容。

室内美容包括仪表板、顶篷、地毯、脚垫、座椅、座套、车门内饰、后备箱等部位的吸尘清洁保护，以及蒸汽杀菌、冷暖风口除臭、室内空气净化等项目。

（3）漆面美容。

漆面美容包括漆面缺陷处理、漆面部分板面破损处理、漆面深浅划痕处理及全车喷漆等项目。

（4）发动机美容。

发动机美容包括发动机冲洗清洁，喷上光保护剂，作翻新处理及水箱、蓄电池等清洁、检查、维护等项目。

（5）汽车防护。

汽车防护包括粘贴防爆膜，安装防盗器、静电放电器、汽车语音报警装置等项目。

3）根据作业的性质分类

根据作业性质的不同，汽车美容可以分为护理性美容和修复性美容。

（1）护理性美容。

护理性美容是指保持汽车漆面和内饰件表面亮丽如新，并起到一定保护作用而进行的美容作业。其主要作业项目是新车开蜡，汽车清洗，漆面打蜡、封釉、镀膜、研磨、抛光及室内零部件保护处理等。

（2）修复性美容。

修复性美容是指汽车漆面或室内零部件出现某种损伤后所进行的恢复性美容作业。其主要作业项目是漆面划痕修补、漆膜病态治理、漆面局部修补、全车漆膜翻修和室内零部件修补等。

二、汽车装饰

通过增加或者替换一些附属的物品，以提高车身表面和汽车室内的美观性、实用性、舒适性，这种行为叫作汽车装饰，所增加或者替换的附属物品叫作装饰品或者装饰件。

汽车装饰主要有两种分类方法：按照装饰部位分类和按照装饰作用分类。

1）按照装饰部位分类

按照装饰部位分类，汽车装饰可以分为汽车外部装饰、汽车内部装饰和汽车其他方面的装饰。

（1）汽车外部装饰：主要是对汽车顶盖、车窗、车灯、车身周围及车轮等部位进行装饰。常见的装饰项目有加装天窗、车身大包围、尾翼、天线、前/后保险杠、底盘塑封等。

（2）汽车内部装饰：主要是对仪表板、座椅、玻璃、地板、隔音板、音响等部位进行装饰。

（3）汽车其他方面的装饰：是指除了汽车外部和内部，对其他部位或组件的装饰。例如，车灯眼线、防撞胶、汽车货架、车窗挡雨板、通信设备、智能设备、防盗防护设备等。

2）按照装饰作用分类

按照装饰作用分类，汽车装饰可以分为美观类、舒适类、保护类、防盗类、实用类、便利类、安全类、娱乐类、香品类等。

（1）美观类：如个性贴花、个性贴纸、车身大包围、空气扰流组件、车身装饰彩条、轮眉、牌照架、油箱盖、轮毂盖等。

（2）舒适类：如天窗装饰、座椅装饰、转向盘套、窗帘、靠垫、手机架、纸巾盒、烟灰盒等。

（3）保护类：如保险杠、防撞胶条、防滚架、防爆膜、备胎罩、汽车保护罩等。

（4）防盗类：如排挡锁、转向盘锁等各种防盗设备和工具。

（5）实用类：如车载冰箱、车载氧吧、车载货架、电源转换器、车用吸尘器等。

（6）便利类：如电动门窗、集控门锁、车载电话、电子导航装置等。

（7）安全类：如倒车雷达、可视倒车装置、安全带、安全气囊等。

（8）娱乐类：如各种视听设备、娱乐设备等。

（9）香品类：主要有气雾型、液体型、固体型三类。香型通常与颜色密切相关，如黄色为柠檬香、草绿色为青苹果香、紫色为葡萄香、淡绿色为薄荷香等。

三、汽车装饰的基本原则及注意事项

汽车装饰必须遵循的基本原则及注意事项主要包括以下 5 项。

1）注意要严格依照相关法律法规进行

2021 年 12 月公安部令第 164 号《机动车登记规定》明确规定，不得擅自改装机动车。要进行机动车变更，必须在交管部门规定的范围内进行，即可以对车身颜色、发动机、燃料类型、车驾号码等进行改装，但车主在提交申请后，必须要经过交管部门批准，才可进行改装。

2）注意“禁用三色”

在车身颜色方面，有三种颜色不能被批准使用，分别是红色、黄色和上白下蓝。红色属于消防专用，黄色属于工程抢险专用，上白下蓝属于国家行政执法专用。为避免引起歧义或以假乱真，所以禁止使用以上三种颜色作为汽车装饰颜色。

3）遵循协调、实用、整洁和舒适原则

汽车装饰时首先应该注意的是内饰件的色调，其次要注意的是款式是否协调，尽量不要使用对冲色，多使用邻近色或协调色，这样才能给驾乘人员以舒适的驾乘体验，也对驾乘安全起到一定的保护作用。对于部分饰品的使用应遵循够用原则，如坐垫选择一两款够用即可，无须在整个座位上放置三四个靠垫，过多则容易占用车内空间，甚至遮挡驾驶员的正常视线，不利于行车安全。

4）注意要以行车安全性为原则

针对行车安全性，需要注意的是，在驾驶区不要有挂饰、摆饰等其他饰品，尽量不要在驻车制动器、仪表板前等放置其他不固定的物品，以免在紧急状况下发生制动踏板被杂物卡滞的危险。

5）注意装饰工作的顺序

汽车装饰的一般步骤是由表及里、先主后辅，而具体步骤是先装饰风挡玻璃，后装饰汽车顶篷、门衬里、隔音降噪材料、影音装置、座椅、坐垫、脚垫及其他零部件。

四、汽车美容与装饰从业人员的要求

从业人员必须恪守职业道德，坚守诚信，不欺诈客户，自觉维护好企业形象，具体表现如下。

1）爱岗敬业

从业人员要热爱自己的工作岗位和职业，乐业、勤业、精业，以恭敬、负责的态度对待工作，兢兢业业，专心致志。

2）诚实守信

从业人员要真心诚意、实事求是、不虚假、不欺诈，在经营上要讲究信守合同、诚信无欺、质量为重。

3）办事公道

从业人员要公平、正义，“给人以应得”或恰如其分地对待人和事，尽可能做到不偏不倚，不徇私情，对所有工作对象一视同仁、不偏袒、不歧视。

4）服务客户

从业人员要全心全意、热情地为客户服务，做到主动、耐心、热心、细致、周到，努力提高服务质量和业务技术水平。

5）奉献社会

从业人员要把自己的知识、才能、智慧，毫无保留地、不计报酬地奉献给社会，培养社会责任感和无私精神，将公众利益、社会效益摆在第一位，处理好“义”和“利”的关系，处理好社会效益和经济效益的关系，处理好个人利益和社会效益的关系，把奉献社会的职业道德落到实处，充分实现自我价值。

6）保守秘密

保守秘密是每一个企业或组织的从业人员都必须遵守的道德规范。对于公司认定为“绝密”“机密”“秘密”的文件或事项，从业人员要严格按照公司要求保密。

五、汽车美容与装饰的现状及发展前景

1. 汽车美容与装饰的现状

由于我国汽车行业的发展比较晚，汽车美容与装饰起步也相对比较晚，因此市场缺乏管理，在一定的时间范围内存在着一些问题，具体如下。

1）技术层次低

汽车美容专业化要求非常高，它与一般的洗车擦车、打蜡上光等有着本质的区别。作为新兴行业，由于没有明确的主管部门，并缺乏有关的技术标准和法律规范，汽车美容与装饰行业存在着诸多问题。目前，汽车美容与装饰企业只有较少几家具有全国性的品牌效益，汽车美容与装饰企业还未能建立自有的全国物流配送系统。

2）利润高，竞争激烈

由于汽车美容与装饰行业具有灵活、操作简单、利润较高、风险较低等特点，因此国内的大量洗车店、汽车配件精品店、轮胎店、汽修厂及个人蜂拥进入汽车美容与装饰市场，以争得市场份额，致使市场竞争日趋激烈。价格大战已成为某些地区汽车美容与装饰店竞

争的主要手段。

3）综合管理水平差，市场混乱

由于汽车美容与装饰行业进入门槛低，利润可观，因此汽车美容与装饰店大部分是街边小店，市场上相继出现了一些东拼西凑起来的汽车美容与装饰产品，这些杂牌以巧妙的伪装和华丽的广告宣传，打着进口专业品牌的旗号，使用一些假冒伪劣产品来坑骗广大用户。许多汽车美容与装饰店处于“无专业正规培训”“无专业名牌产品”“无专业机械设备”“无服务质量保证”的四无状况，包括店面形象设计、客户管理、人力资源、产品供销、售后服务等都缺乏完整有效的管理系统，致使许多消费者望而却步。

总之，现阶段汽车美容与装饰从业人员的培训程度及美容产品的生产程度均较低，缺乏正规的品牌和完善的服务。

2. 汽车美容与装饰的发展前景

根据公安部交通管理局发布的消息，2020 年全国机动车保有量达 3.72 亿辆，全国有 70 个城市的汽车保有量超过百万辆，31 个城市的汽车保有量超过 200 万辆，其中北京、成都、重庆超过 500 万辆，苏州、上海、郑州超过 400 万辆，西安、武汉、深圳、东莞、天津、青岛、石家庄等 7 个城市超过 300 万辆。随着我国汽车大量进入家庭，人们的生活水平逐步提高，汽车文化日益普及，人们对汽车美容与装饰的需求也越来越大。

随着消费者“爱车、养车意识”的不断提高，越来越多的车主更加重视对汽车的日常保养，不会等到汽车损坏以后再去汽车修理厂或汽车 4S 店进行大修。“三分修、七分养”的汽车养护新理念已被更多的消费者所接受，现在人们对汽车不仅要求“行得方便”，还要求“行得漂亮”。因此，汽车定期美容与装饰正在成为汽车后市场服务消费的重要内容之一。

市场调查表明，目前我国 60%以上的私人高档汽车车主有给汽车做美容养护的习惯；30%以上的私人低档汽车车主也开始形成了给汽车做美容养护的观念；30%以上的公用高档汽车车主也定时进行美容养护；50%以上的私家车车主愿意在掌握基本技术的情况下，自己给汽车进行美容养护。按照目前总数为 3.72 亿辆的保有量和平均每辆车在汽车美容养护方面花费 2 000 元来计算，中国汽车美容与装饰市场整体就达到了 7 440 亿元左右。由此可见，汽车美容与装饰行业的发展潜力是巨大的，它将成为我国服务业的一个新兴支柱产业，前景会非常好。

随着城市管理的日趋完善和车主对汽车美容与装饰知识的日益丰富，以及汽车美容与装饰市场的逐渐成熟，混乱现象将会得到极大的改善。目前，我国正逐步加大对汽车美容与装饰业的关注，加强宏观管理，健全规章制度，目的是要逐步对汽车服务业进行规范化管理。随着汽车美容与装饰市场的不断规范和人们消费意识的不断提高，伪劣产品将无处立足，无专业服务的汽车美容与装饰店如果不改变现状也将被淘汰。汽车美容与装饰行业将逐步向着系统化、正规化、专业化、品牌化的方向发展。

任务实施

一、到实训室认识下面的汽车美容设备及美容产品

（1）认识常见的汽车美容设备，如图 1-1～图 1-7 所示。

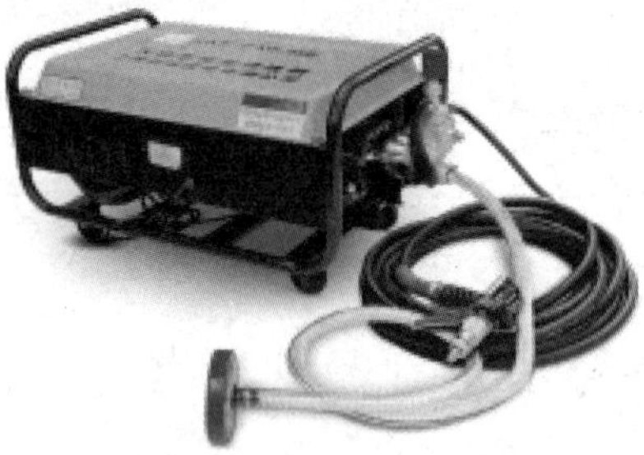

图 1-1　高压清洗机

图 1-2　吸尘器

图 1-3　车载吸尘器

图 1-4　脱水机

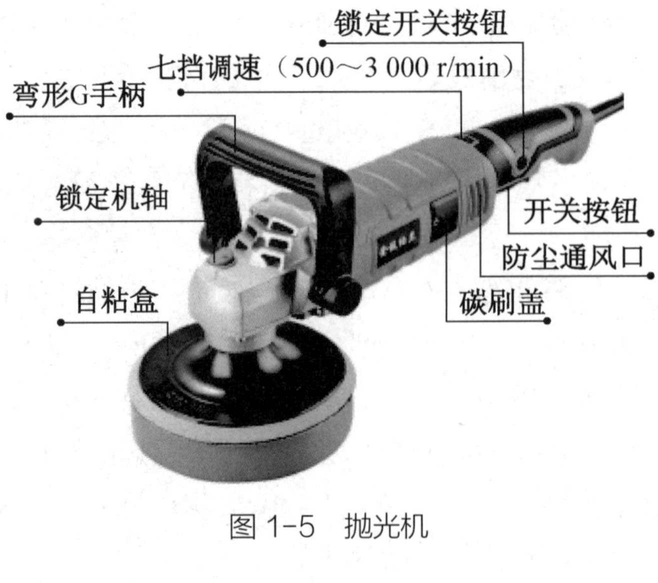

图 1-5　抛光机

图 1-6　封釉机

图 1-7　汽车臭氧消毒机

（2）认识常见的汽车美容产品，如图 1-8～图 1-12 所示。

图 1-8　镀膜蜡

图 1-9　划痕蜡

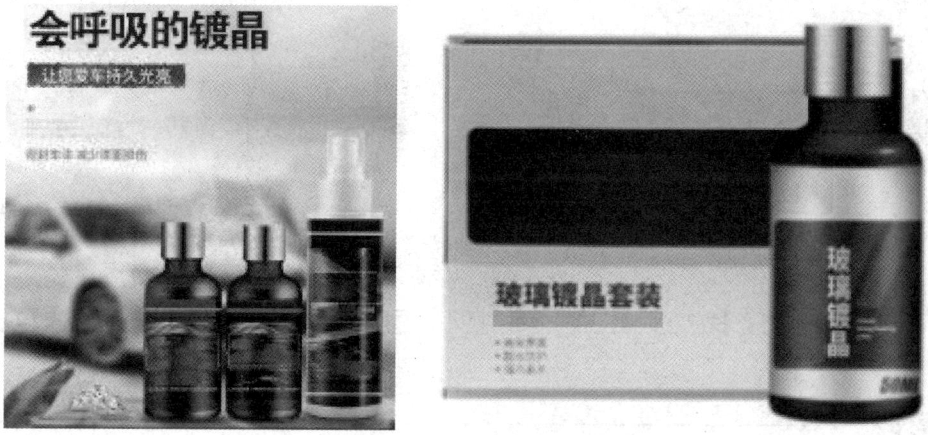

图 1-10　镀晶套装

图 1-11　多功能泡沫清洁剂

图 1-12　镀膜剂

（3）认识常见的汽车装饰件，如图 1-13～图 1-16 所示。

图 1-13　前保险杠装饰件

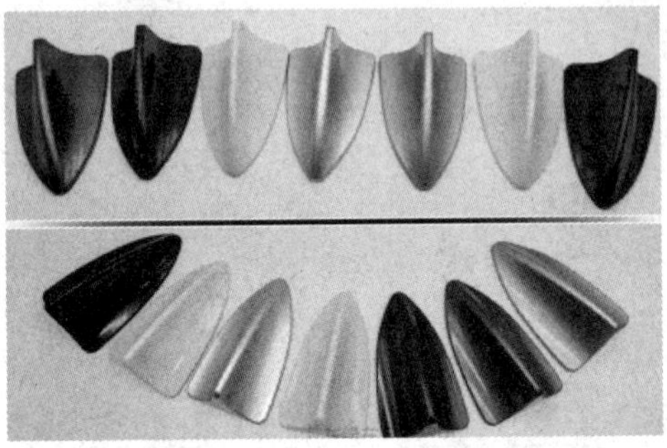

图 1-14　汽车天线（又称“鲨鱼鳍”）

图 1-15　扰流板

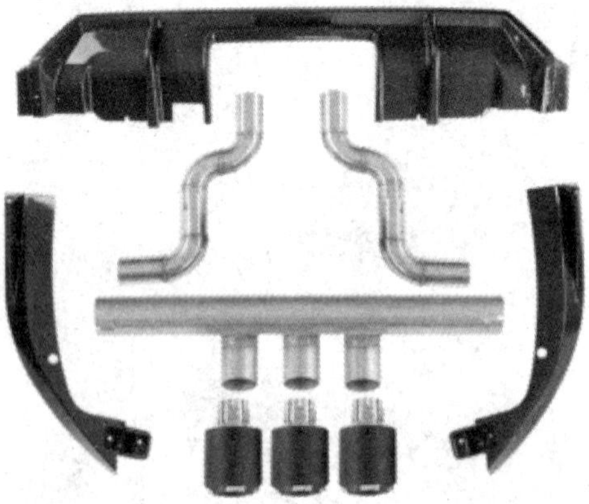

图 1-16　碳纤维尾喉+扰流板+护角

素养与思政

本项目要求分组训练，各小组在实训过程中必须团结一致、相互合作学习，操作过程中注意安全，要求全程实现“7S”管理。

技能训练

在实训车间完成以下工作。

1．在实训室中找出汽车美容产品并分类。

2．在实训室中找出汽车装饰产品并分类。

3．各小组成员相互合作，注意安全，全程要求按照“7S”管理标准操作。

项目二

汽车车身美容护理

项目描述

汽车在使用过程中，由于受日晒雨淋、风吹沙击、尘土飞扬、高温、严寒、强光、酸雨等恶劣环境的影响，使汽车漆面及其他车身零部件表面受到侵蚀、沾染污垢，如果汽车漆面不做任何美容护理，时间长了就会失去光泽、容易变黄。所以车主应定期和不定期地对汽车进行车身美容护理，这样可以防止汽车漆面及其他车身零部件受到腐蚀和损害。汽车车身美容护理主要包括洗车和干车、打蜡和汽车漆面深度清洁等项目。

任务1 车身表面清洁美容

知识目标

1. 了解车身表面清洁美容用品的类型及作用。
2. 掌握洗车与干车的工作流程。

能力目标

1. 能正确使用清洗设备进行洗车。
2. 能正确使用清洁美容用品进行洗车。

思政目标

1. 通过车身表面清洁美容规范的操作流程，在清洗的过程中节约用水及洗洁用品，培养学生树立“绿水青山就是金山银山”的环保理念。
2. 通过学生小组合作学习，培养学生爱岗敬业、团结互助的价值观。
3. 通过课堂教学活动培养学生的职业素养和法律意识。

任务引入

刘先生开车带着家人和朋友去海边旅游，在回来的途中遇到修路及下雨，车身表面沾满了泥土，他打算先清洗一下车身，其他项目以后再做。

本任务针对初学者介绍了车身表面清洁美容用品的类型及使用方法和各种车身美容工具的正确使用方法，使初学者尽快掌握汽车美容的基本知识及技能。

相关知识

一、洗车和干车的作用

洗车和干车是指把车身上一切有危害的杂物清洗干净并擦干车身。洗车和干车是整个汽车美容护理中较为基础的一个项目，没有它们的铺垫，其他美容项目使用再好的护理产品、再好的护理技术都会因此而大打折扣。同时洗车和干车也可以作为一个独立完整的汽车美容护理项目。

二、车身表面清洁美容常用的养护用品及设备

1．海绵

海绵主要用于擦拭车身。

（1）洗车海绵如图 2-1 所示。它具有较好的吸土、吸垢能力，能使沙粒或尘土很容易深藏于海绵的气孔之内，避免洗车时刮伤车身表面。

（2）珊瑚海绵刷如图 2-2 所示。珊瑚海绵刷的特点：非常柔软，不会划伤车身；具有超强的去污能力，起泡效果非常迅速；两面具有不同的材质，网状的一面可以轻松去除虫迹、各类粪便等顽固残留，毛茸茸的毛须可以有效包住沙砾，不会让沙砾落在车身表面；缝制精密，人性化设计，使用起来便捷顺手。

（3）蜂窝海绵如图 2-3 所示。蜂窝海绵的侧面是网状胶质，可以利用它轻松去除虫迹、各类粪便等顽固残留。

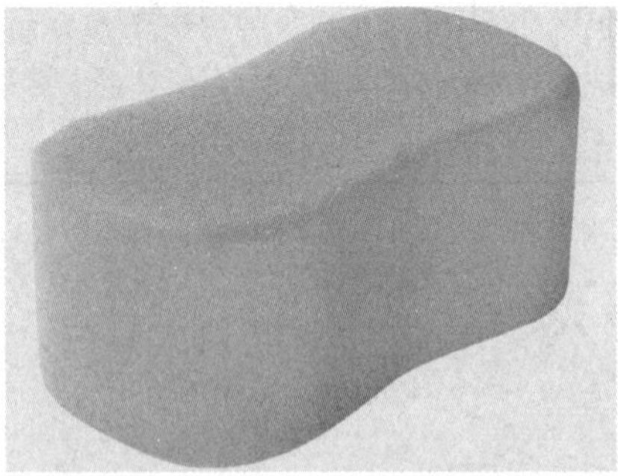

图 2-1　洗车海绵

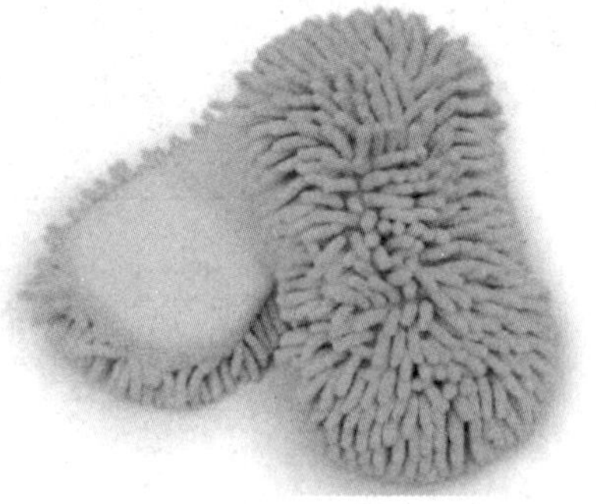

图 2-2　珊瑚海绵刷

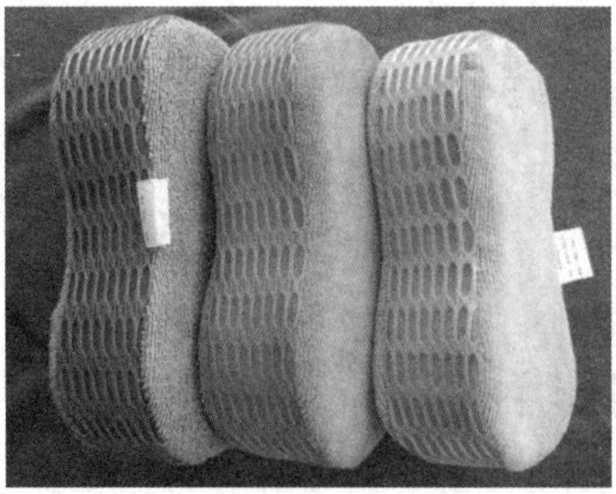

图 2-3　蜂窝海绵

2. 洗车毛巾

洗车毛巾是洗车过程中的易耗用品，它们主要用于擦拭车身，在擦拭过程中不容易有细小的纤维落在车身上。洗车时使用的毛巾和浴巾应采用无纺布制品，化纤毛巾会刮伤车身表面，全棉毛巾会留下毛屑。

洗车毛巾要分类处理，不能一块毛巾用到底，因为擦过车身底部的毛巾内有大量洗不掉的细沙，再用其擦拭车身就很容易划伤汽车漆面。毛巾和海绵应分类使用，不同的部位使用不同的毛巾和海绵。

（1）超柔纤维洗车毛巾。

超柔纤维洗车毛巾采用纳米技术制造，适合擦拭各种汽车漆面、人体、宠物、家具、真皮、橡胶、电器等，也适合擦拭汽车内饰、仪表板等。超柔纤维洗车毛巾的特点：不易划伤被擦物，不掉毛屑；打蜡效果好；吸水性好，吸水量大；具有很强的静电吸引能力；去污能力强，擦拭油脂类脏污后，车身表面不留痕迹。超柔纤维洗车毛巾如图 2-4 所示。

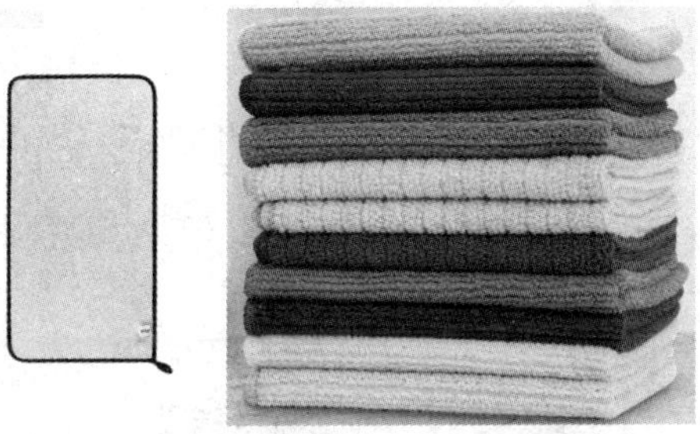

图 2-4　超柔纤维洗车毛巾

（2）超细纤维擦车毛巾。

超细纤维擦车毛巾的纤维直径很小，所以其弯曲刚度也很小。超细纤维擦车毛巾的手感特别柔软，具有很强的清洁功能和防水透气效果，同时具有很强的吸水性能。超细纤维擦车毛巾如图 2-5 所示。

图 2-5　超细纤维擦车毛巾

3. 麂皮

麂皮（如图 2-6 所示）主要用于擦干车身表面。麂皮的质地柔软，有利于保护车身表面，具有良好的吸水能力，尤其对车身表面及玻璃水膜的清洗效果极佳。

在洗车作业中，一般先使用毛巾或浴巾擦拭车身表面，再使用麂皮进一步擦干，有利于延长麂皮的使用寿命。另外，在选用麂皮时，尽可能选用皮质韧性、耐磨性好的、较厚的麂皮。

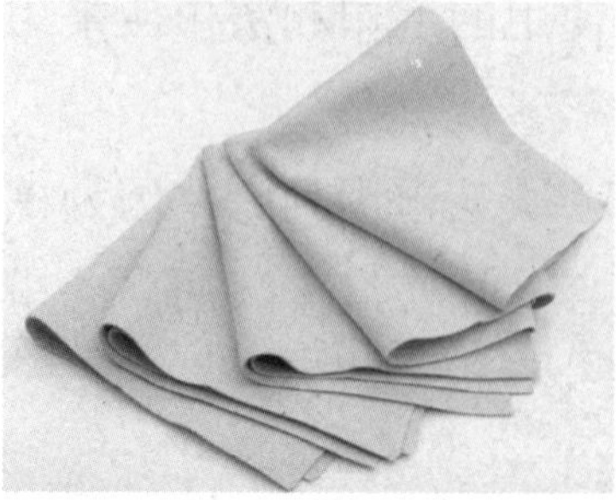

图 2-6　麂皮

麂皮的特点：手感柔软细腻，不伤物体表面；吸水性强，即擦即干，不留水痕；经久耐用，擦拭后不留灰尘，不掉毛屑；使用后易清洗，节省清洁剂，不使用时呈硬块状，以阻止病菌入侵和繁殖。

4．板刷

板刷（如图 2-7 所示）主要用于清除轮胎、挡泥板等部位附着的泥土和污垢。由于上述部位的泥土附着较厚，不易冲洗干净，因此在洗车时要有针对性地进行刷洗。

图 2-7　板刷

5．高压清洗机

高压清洗机（如图 2-8 所示）由电机、水泵、喷枪等组成。高压清洗机工作时，可提供一定的压力和流量的液流，通过喷枪上的调节套可以调整液流在束状和扩散雾状之间变化。喷枪一般设计成手枪式。

图 2-8　高压清洗机

6. 泡沫发泡机

泡沫发泡机由储液罐，进、排气阀，进、排水阀和泡沫出口阀等组成。泡沫发泡机如图 2-9 所示。将水和洗车液按照一定比例配制加注到泡沫发泡机，再加入规定压力的压缩空气后，可以通过喷枪喷洒洗车液泡沫。

图 2-9　泡沫发泡机

7. 扇形高压枪

扇形高压枪是经过多年的实践和不断的完善而成为现在使用的洗车枪，如图 2-10 所示。它喷出的水是扇形的，这样能通过水状切割把车身表面上的杂质清除干净，并且作用面积大，更为省水。

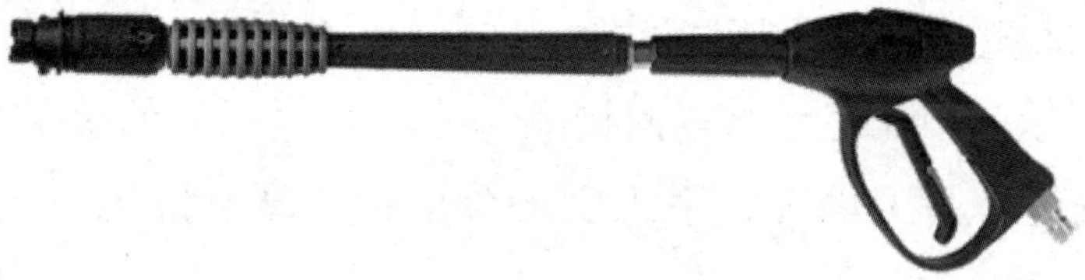

图 2-10　扇形高压枪

8. 吹尘枪

吹尘枪又称为干洗枪，如图 2-11 所示，它能把车身表面等位置边边角角的杂质通过旋转气体吸出来，同时也能把水吹出来。

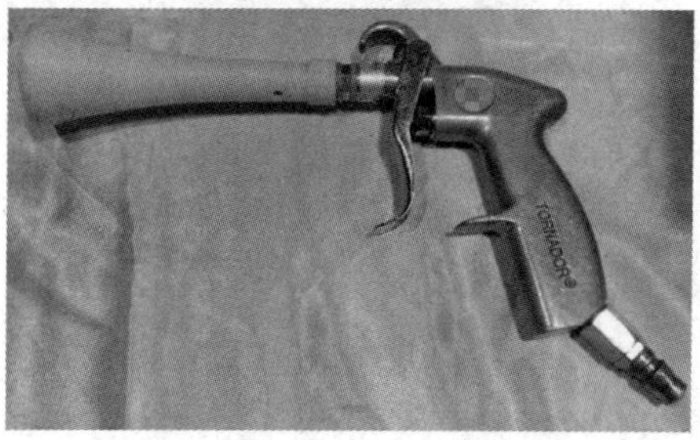

图 2-11　吹尘枪

9. 洗车时所需的养护用品

洗车养护用品有多种，一般有中性洗车液（如图 2-12 所示）、不脱蜡洗车液（如图 2-13 所示）、脱蜡洗车液、洗车水蜡、轮胎亮光蜡等。

图 2-12 中性洗车液

图 2-13 不脱蜡洗车液

（1）中性洗车液。使用中性洗车液（pH 值在 6.5～7.5 为中性），既不会侵蚀车身表面，又能保养车体，达到保护车漆的目的。

（2）不脱蜡洗车液。不脱蜡洗车液不含碱性盐类，主要成分是类型不同的表面活性剂，其中非离子活性剂使用得较多，是车身表面日常清洁的首选洗车液。汽车本身有车蜡，但不想把它洗掉，只是做日常的洗车养护，在这种情况下可以使用不脱蜡洗车液。

（3）脱蜡洗车液。脱蜡洗车液对去除油脂、油污及其他杂质具有很好的效果，主要用于大型美容护理前的车身清洁。如果需要打新的保护性上光蜡，可以使用脱蜡洗车液，把车身上原有的残蜡、油泥、污垢等都清洗掉。

（4）洗车水蜡。洗车水蜡适用于其他物品（非渗透表面）的保护性清洗，适合摩擦性洗车（电脑滚刷式洗车、手工擦洗、手工刷洗等接触式摩擦洗车），有效减少接触带来的磨损。

（5）轮胎亮光蜡。轮胎亮光蜡如图 2-14 所示，适用于轮胎橡胶制品，具有洁净、预防龟裂、抗静电等功效。

图 2-14 轮胎亮光蜡

三、车身表面清洗的方法

按照清洗设备和方式的不同，车身表面清洗的方法可以分为一般清洗、机械清洗和新型洗车方法。

1．一般清洗

车身表面的一般清洗是指利用简单设备、水、专用洗车液进行人工擦洗，清除车身表面的尘埃和污垢。它具有操作简单、成本低、效果不稳定等特点。

一般清洗应包括清洗前准备、第一次冲洗、擦洗、第二次冲洗、擦干等五个步骤。

（1）清洗前准备。

将汽车停放平稳，拉紧驻车制动器，关闭车门。按照使用说明书配制专用洗车液，量多浪费，量少清洗不干净。

（2）第一次冲洗。

先使用普通水枪自上而下冲洗一遍，冲洗掉车身表面的灰尘颗粒，避免划伤车身表面，然后使用高压水枪自上而下进行冲洗，彻底冲洗掉车身底部的尘埃、泥沙。

（3）擦洗。

先将配制好的专用洗车液均匀地喷洒到车身表面，然后使用毛手套或海绵自上而下擦洗车身表面。车身表面各个角落都应仔细擦洗，沥青、焦油等顽固污渍需使用专用溶剂清洗。

（4）第二次冲洗。

使用高压水枪进行第二次冲洗，冲洗顺序与第一次相同，重点冲洗车身顶部、前部和后部，流下来的水也冲洗着车身底部，因此，车身底部稍微冲洗即可。

（5）擦干。

先使用刮水板自上而下刮一遍水，然后使用浸泡后再拧干的毛巾或麂皮从前至后擦一遍，吸走车身表面大部分水分后，再使用麂皮仔细擦一遍，使整个车身表面不留水痕。

2．机械清洗

车身表面的机械清洗是指利用专业的洗车设备清洗车身表面，如图 2-15 所示。

（1）清洗步骤。

① 查看车身表面的污染情况，人工清洗污垢严重部位。

② 检查设备是否正常，然后接通电源。

③ 将汽车开至洗车台的停车位置，关闭车窗和车门，关闭发动机，取下车顶天线。

④ 启动机械清洗机，机械清洗机先喷水润湿车身表面，然后滚刷运转刷洗车身顶部、前部、后部，喷头冲洗汽车车轮和底盘。车身表面各个部位冲刷后，机械清洗机再喷洒清水冲洗车身表面各个部位。

⑤ 喷洒洗车水蜡，并抛光擦亮。

⑥ 使用热蒸汽或压缩空气吹干车身表面。

⑦ 检查清洗质量，若有水痕或残留污垢，则通过人工清洗去除。

图 2-15 机械清洗

（2）注意事项。

① 确保汽车停放在洗车位置。

② 确保车门、车窗已完全关闭。

③ 清洗完毕后，最好等车轮水分自然风干或擦干后再开车离开，避免灰尘再附着在车轮上。

④ 长期使用机械清洗的方法来清洗车身表面，容易损伤车漆。

⑤ 机械清洗存在死角，如车轮轮毂内、凹缘等部位，交车前需要人工处理。

3. 新型洗车方法

（1）蒸汽洗车。

蒸汽洗车喷出的高压蒸汽既可以消毒，又可以去污，能迅速化解泥沙和污渍的黏性，使其脱离车身表面，达到清洗的目的。蒸汽洗车还是一种集清洗、打蜡、保养于一体的洗车方法。

蒸汽洗车是一种高级护理服务，如图 2-16（a）所示，它采用特殊处理的水蒸气清洗车身表面，具有用水量少、去污效果显著、环保、设备体积小、质量轻、操作复杂、低温蒸汽不损伤车漆等特点，目前的主要服务形式是上门洗车。

（2）无水洗车。

无水洗车如图 2-16（b）所示，是对汽车进行清洁、打蜡、上光、养护一次性完成的新型汽车保洁方式。

无水洗车产品一般由新型表面活性剂、浮化剂、悬浮剂、增光乳液、棕榈蜡等成分组成，它能将尘土有效地吸附到擦车布上，避免划伤车漆，同时还能保护车漆，并使车漆更光亮。

无水洗车时，先将无水洗车产品喷洒到待清洗车身表面，产品中的悬浮剂会快速渗透，使尘土、污渍与车漆之间产生间隙，并在汽车漆面形成保护层，同时棕榈蜡会包裹在污渍周围，使污渍与车漆隔离，而表面活性剂能去除污渍，使用湿毛巾轻轻一擦，灰尘、污渍等都吸附到毛巾上，具有去尘、去污的效果。

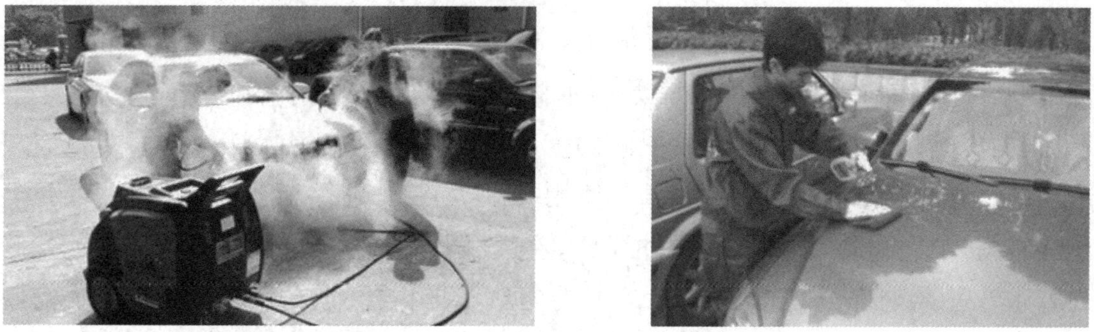

（a）蒸汽洗车　　（b）无水洗车

图 2-16　新型洗车方法

四、车身表面清洗的类型

车身表面清洗的类型繁多，常见的有一般性清洗、除蜡清洗、新车开蜡清洗、顽固污渍清洗、除车身静电清洗、除车身交通膜清洗、增艳清洗等。

1. 一般性清洗

一般性清洗也就是前面清洗方法中介绍的一般清洗，常用于无须去除车蜡，只需清洗尘埃、污渍的车身表面清洗，是汽车较常见的一种清洗方法。

2. 除蜡清洗

除蜡清洗是一种去除汽车漆面原有车蜡的清洗作业。汽车使用一段时间后，汽车漆面的保护蜡会逐渐老化或局部脱落，无法继续保护汽车漆面，需要将这些蜡清除干净，再上新蜡。

除蜡清洗时，需针对不同的车蜡选择合适的除蜡水有效去除车蜡，然后再使用清水冲洗干净车身表面即可。

3. 新车开蜡清洗

为了避免新车运输时因遭受日晒雨淋而使车身表面老化、生锈，新车在下线时会喷蜡进行覆盖保护。新车开蜡清洗就是去除新车下线时所喷保护蜡的清洗过程，这是车主买回新车后必须要做的清洗。

新车开蜡清洗应在专业汽车美容与装饰店做。专业汽车美容与装饰店一般先使用新车开蜡剂去除保护蜡，再深层次清洁养护车漆，然后使用高泡沫柔性洗车液清洗上光，最后使用不含抛光剂的新车专用蜡密封车漆表层，使车身表面充分地展现出车漆底色。

（1）新车封蜡的类型。

按照蜡的成分不同，新车下线时所喷的蜡可以分为油脂型保护蜡、树脂型保护蜡、硅油保护蜡等。

① 油脂型保护蜡。可以防止高碱性海水、树枝或人为造成的漆面损伤，常用于需要长途海运新车的涂蜡保护，可以使用油脂开蜡水进行新车除蜡。

② 树脂型保护蜡。可以防止运输中人为造成的漆面划痕，但无法抵御海水侵蚀，主要用于短途陆地运输新车的涂蜡保护，可以使用树脂开蜡水进行新车除蜡。

③ 硅油保护蜡。可以有效防止紫外线、酸碱气体、树枝、风沙对车身表面的侵害，但无法抵御海水和剐蹭对车身表面的损害，主要为新车提供短期保护，可以使用强力脱蜡洗车液进行新车脱蜡。

（2）新车开蜡的步骤。

① 检查整个新车，查看是否完好无损，并做好记录。

② 使用高压水枪冲洗整个车身表面。

③ 根据新车车蜡选择合适的开蜡水或脱蜡水。将开蜡水或强力脱蜡洗车液均匀地喷洒到车身表面。

④ 5 分钟后，使用湿毛巾擦掉开蜡水或强力脱蜡洗车液。

⑤ 使用专用洗车液清洗整个车身表面。

⑥ 使用高压水枪冲洗车身表面上擦掉的蜡质及污物，然后擦干，新车开蜡则清洗完成。

注意

新车开蜡的注意事项如下。

① 新车开蜡前，必须先清洗车身表面。

② 开蜡过程中，毛巾需要不断清洗。

③ 新车开蜡时的环境温度最好在 20℃以上。

④ 若擦除封蜡过程中出现“吱吱”响声，则应立即停止。

⑤ 不能使用汽油、煤油、柴油等溶解除蜡。

⑥ 新车开蜡后，需要重新打蜡保护。若封蜡停留在车身表面两年以上，则开蜡后还需要抛光，然后打蜡。

4．顽固污渍清洗

若沥青、焦油、鸟粪等污渍长时间附着在车身表面，则会腐蚀车漆，且会变硬，难以清除。这类顽固污渍必须使用焦油去除剂、有机溶剂等专用清洗剂才能清除干净。

5．除车身静电清洗

汽车在行驶过程中因摩擦会产生强静电层，从而吸附大量灰尘和油污，而且使用清水一般不能彻底清除，需要使用专用车身静电去除剂清除。例如，汽车专用清洁香波就是一种常用的清除车身静电的产品，它的 pH 值为 7.0，是一种中性车身清洁剂，它所含的阴离子表面活性剂和其他成分会与车身所带的静电荷发生作用，从而清除车身静电。

除车身静电清洗的步骤如下。

① 使用高压水枪冲洗整个车身表面。

② 按照使用说明书稀释汽车专用清洁香波，然后喷洒到车身表面，或使用海绵蘸取稀释液涂抹到车身表面。

③ 等待片刻后，再使用高压水枪冲洗车身表面，冲掉泡沫。

6．除车身交通膜清洗

车身表面上产生的静电可以吸附灰尘、有害气体分子等，这些附着物逐渐加厚，时间久了便会形成一层膜，这种膜被称为交通膜。交通膜不仅使车身表面变得黯淡无光，还严重影响上蜡质量。交通膜需要使用专用交通膜去除剂才能清除，按照使用说明书稀释该去除剂，然后喷洒到车身表面，间隔一段时间后，使用高压水枪冲洗干净即可。

7．增艳清洗

增艳清洗是去除车身表面抛光或上镜面釉后残留的抛光剂和油分，为上蜡保护打基础。增艳清洗不仅能使车漆变得更艳丽，还能增强蜡膜光泽度，提高车身的抗静电性和抗氧化性。

增艳清洗常用的清洗剂是清洁上蜡二合一香波，按照使用说明书进行稀释，然后使用海绵蘸取稀释液涂抹到车身表面，涂抹完毕后用清水冲掉泡沫，再使用软布擦干即可。

五、洗车和干车的工作流程

洗车工作看似简单，但是做到速度快、质量好且让客户满意就不简单了。洗车服务是汽车美容与装饰企业招揽生意、固定客源的一种重要手段。如果说汽车美容与装饰行业分为两端的话，洗车就是前端，美容与装饰等就是后端。专业的洗车服务会给客户留下良好的印象，为销售其他汽车用品和提供服务奠定良好的信任基础，所以洗车必须拥有较为规范、标准的流程。

标准的洗车流程分为预洗流程和干车流程。预洗流程是为了把车身表面可能对干车流程有危害的杂物清洗干净。

目前，汽车美容与装饰企业采用的洗车方式和工序各有不同，主要的洗车方式有无划痕洗车方式和传统洗车方式两种。

1. 无划痕洗车方式的洗车流程

（1）进入预洗车位。指引汽车到指定预洗车位。

（2）洗车前的准备工作。检查汽车门窗、天窗是否关紧，确认门窗、天窗关紧后，方可进行下一步。

（3）全车喷洒免擦无划痕洗车液。喷洒部位包括钢圈、轮胎（以上零部件有可能出现顽固油污，需要配合刷子或湿毛巾清洁）、轮眉内侧、车身下幅、前/后保险杠、倒车镜、前/后风挡玻璃等，如果汽车有尾翼，也要喷洒尾翼。

（4）车身表面深度清洁。在车身表面有粪便或特殊污垢的情况下，需要喷洒专用清洗剂（除虫剂等）进行特殊处理。

（5）全车清水清洗。在免擦无划痕洗车液喷洒完毕后，使用高压水枪清洗经过洗车液泡沫擦拭后已呈浮化状态或悬浮状态的污渍，使其脱离车身表面。开门冲洗车门边时需注意不要弄湿车室。

2. 传统洗车方式的洗车流程

（1）进入预洗车位。指引汽车到指定预洗车位。

（2）洗车前的准备工作。检查汽车门窗、天窗是否关紧，确认门窗、天窗关紧后，方可进行下一步。

（3）全车清水冲洗。使用高压清洗机清洗全车，如图 2-17 所示，目的是使用喷枪将车身表面、车轮、翼子板的泥沙冲洗干净，保证车身通体被喷枪打湿而无遗漏，车身表面无大颗粒泥沙或污物。清洗部位包括钢圈、轮胎（以上零部件有可能出现顽固油污，需要配合刷子或湿毛巾清洁）、轮眉内侧、车身下幅、前/后保险杠、倒车镜、前/后风挡玻璃等，如果汽车有尾翼，也要喷洒尾翼。汽车轮胎、轮眉内侧的清洗操作如图 2-18 所示。

图 2-17　高压清洗机清洗全车

图 2-18　汽车轮胎、轮眉内侧的清洗操作

（4）全车喷洒洗车液泡沫。使用泡沫发泡机（如图 2-19 所示）给全车喷洒洗车液泡沫，如图 2-20 所示。喷洒部位包括钢圈、轮胎、轮眉内侧、车身下幅、前/后保险杠、倒车镜、前/后风挡玻璃等。

图 2-19　泡沫发泡机

图 2-20　全车喷洒洗车液泡沫

（5）全车擦拭洗车液泡沫。使用海绵或毛巾擦拭全车，擦拭部位包括钢圈、轮胎、轮眉内侧、车身下幅、前/后保险杠、倒车镜、前/后风挡玻璃等，如图 1-21 所示。

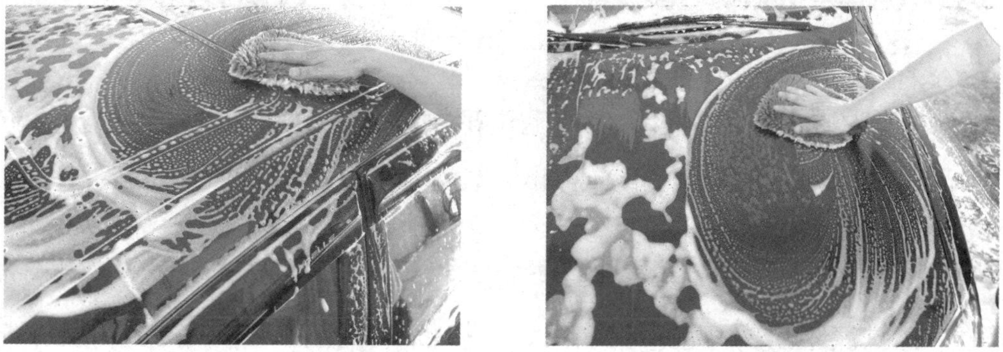

图 2-21　全车擦拭洗车液泡沫

（6）车身表面深度清洁。在车身表面有粪便或特殊污垢的情况下，需要喷洒专用清洗剂（除虫剂等）进行特殊处理。

（7）全车清水清洗。使用高压水枪清洗经过洗车液泡沫擦拭后已呈浮化状态或悬浮状态的污渍，使其脱离车身表面，如图 2-22 所示。开门冲洗车门边时需注意不要弄湿车室。

图 2-22　全车清水清洗

3．干车流程

（1）进入干车车位。指引汽车到指定干车区车位。

（2）车身脱水。由 2 个人分别站在汽车的两侧拉住大毛巾从前往后再从后往前进行车身脱水，如图 2-23 所示。

（3）擦干车身表面残留的水分。脱水完成后，由 2 个人负责把大毛巾上的水分拧干，其中一人把大毛巾叠成 1/4 大小，然后把车身表面残留的水分擦干，擦干后，把大毛巾拧干晾好，如图 2-24 所示。

图 2-23 车身脱水

图 2-24 擦干车身表面残留的水分

（4）全车进行清洁。使用不同颜色的毛巾擦拭汽车各个部位，主要是为了防止二次污染，减少工作时间。使用什么颜色的毛巾擦拭什么部位无特殊规定，但要求每个部位只能使用一种颜色的毛巾，决定后不能改变。

① 红色：擦拭汽车前/后内、外风挡玻璃等。

② 紫色：擦拭汽车室内，包括仪表板、中控台、排挡座、中央扶手、座椅、门板及后工作台等。

③ 棕色：擦拭车门边及后备箱门边等。

④ 绿色：擦拭汽车漆面（2 条）。

⑤ 旧毛巾：擦拭轮胎和轮毂等，清洁发动机，检查并添加雨刮水。

⑥ 使用擦拭车门边的毛巾（棕色）擦拭车身下幅及车轮钢圈、轮辐等。

（5）使用吹干枪吹干车身缝隙，如图 2-25 所示。

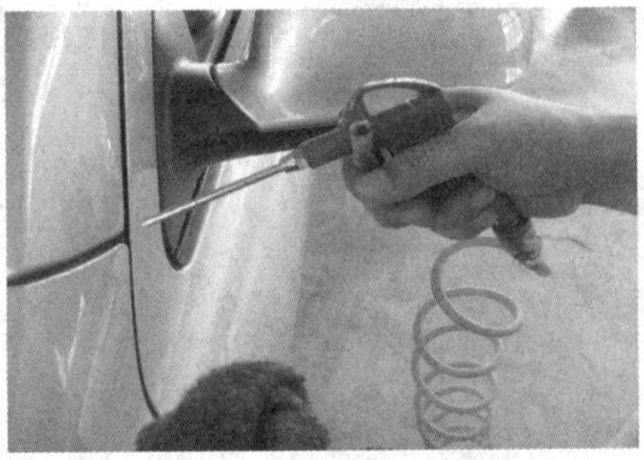

图 2-25 吹干车身缝隙

【拓展知识】

使用高压水枪向车身喷水时，高压水枪与车身的倾斜角为 30°～60°，高压水枪距离汽车漆面一般为 20～30 cm，高压水枪的使用方法如图 2-26 所示。由于水是经过高压作用后喷出的，如果大于或者小于这个倾斜角，那么就有可能对汽车漆面造成伤害。

图 2-26　高压水枪的使用方法

【趣味知识】

如何快速完成预洗流程，顺序很重要。不重复冲洗某一部位，以一个轮胎为起始点，转一圈把全车每个部位都冲洗到位。也可以由两人配合操作，从车头开始，分两侧完成自己的部位，同步冲洗，直至在车尾会合完成预洗。汽车预洗的顺序如图 2-27 所示。

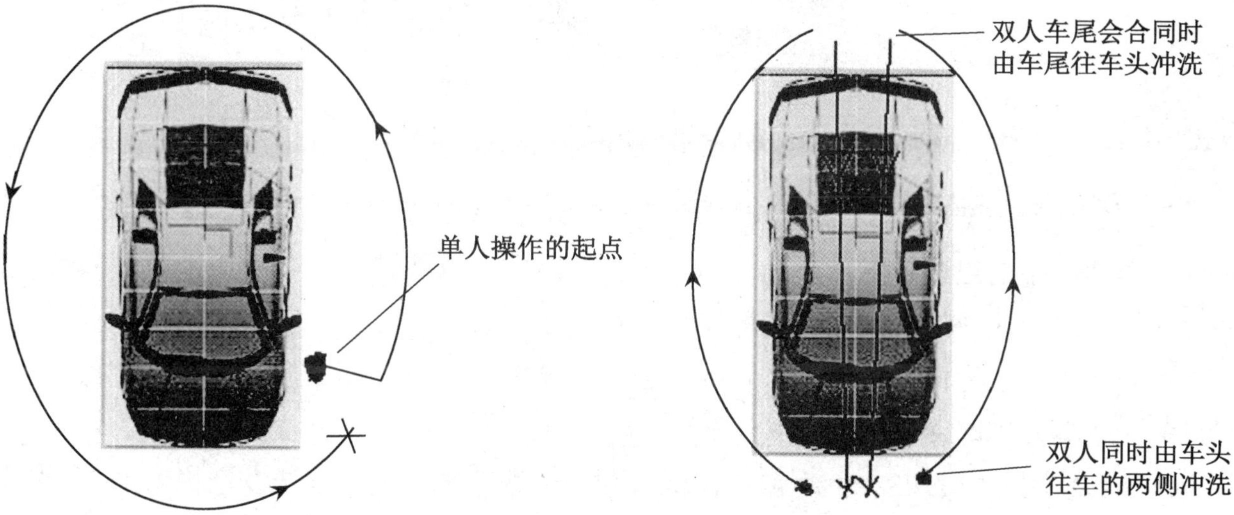

（a）单人操作　　（b）双人操作

图 2-27　汽车预洗的顺序

六、洗车和干车作业中主要操作的规则要求

1. 车身表面冲洗的操作规程

不论是使用高压水枪清洗车身表面、车轮上的污泥，还是使用高压水枪清洗车身表面、车轮上的洗车液泡沫，车身表面冲洗的操作规程是一样的，即使用喷枪从车身顶部开始自上而下（免擦无划痕清洗则是从下往上）冲洗，如图 2-28、图 2-29 和图 2-30 所示，将沾在车身表面的泥沙冲洗掉。如果车身表面较脏，可反复冲洗。冲洗车身底部和车轮时，将

喷枪调整为扇形液流，冲洗掉车身底部和车轮上附着的污泥和其他附着物。

图 2-28 车身顶部冲洗

图 2-29 车身底部冲洗

图 2-30 汽车车轮冲洗

2. 使用传统洗车方式的泡沫发泡机和调配洗车液泡沫的操作规程

洗车液产生的泡沫越多，车身表面的脏污就越容易清洗掉。正确使用泡沫发泡机和正确调配水和洗车液的比例，方可获得理想的洗车液泡沫。

不同的泡沫发泡机的使用方法和洗车液泡沫调配的比例各不相同，所以在使用泡沫发泡机前一定要仔细阅读使用说明书。

例如，使用 GREENS-380 型泡沫发泡机和中性洗车液。先向泡沫发泡机内加入 50%的水，如图 2-31 所示；再加入 550 mL 的洗车液，如图 2-32 所示；然后加入 20%的水；最后向泡沫发泡机内加入压缩空气，方可喷洒洗车液泡沫。

图 2-31 泡沫发泡机内加入 50%的水

图 2-32 加入 550 mL 的洗车液

3．喷洒洗车液泡沫和洗车液泡沫擦拭的操作规程

（1）喷洒洗车液泡沫的操作规程。喷洒洗车液泡沫的基本操作是打开泡沫喷枪开关，上下有规律地对着车身表面抖动喷头，使洗车液泡沫均匀地喷洒于车身表面，不要遗漏，如图 2-33 所示。喷洒洗车液泡沫的量不要太多，否则洗车液泡沫过多会脱落，造成浪费。喷洒距离可以用压力来调节。

图 2-33 喷洒洗车液泡沫操作

（2）洗车液泡沫擦拭的操作规程。洗车液泡沫擦拭的基本操作是喷洒洗车液泡沫后，使用软毛巾从前往后和自上而下地对汽车通体呈“S”形擦拭，不要遗漏，如图 2-34、图 2-35、图 2-36 和图 2-37 所示。擦洗用的软毛巾一定要干净，没有沙砾，当擦洗完汽车后，软毛巾一定要放在干净的水里泡洗；当擦洗泥沙多的车身表面时，注意不要让泥沙中的大颗沙砾划伤车身表面；分两块软毛巾擦拭车体，以保险杠为界线分开使用；使用刷子或海绵等刷洗掉车轮轮辋、轮辐及轮胎上的泥土和污垢。

图 2-34 车身顶部泡沫擦拭操作

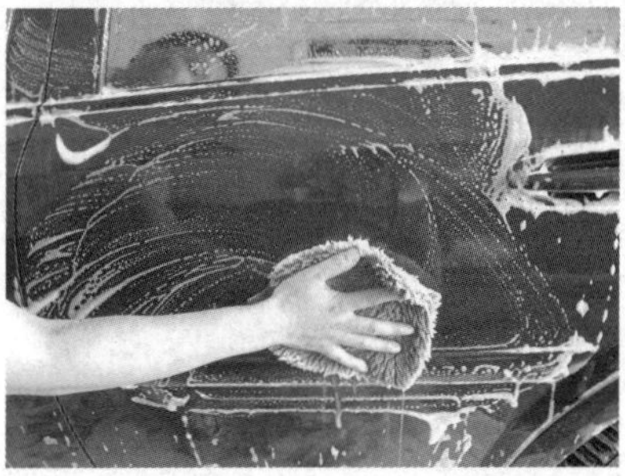

图 2-35 车身表面泡沫擦拭操作

图 2-36 车窗泡沫擦拭操作

图 2-37 车轮泡沫擦拭操作

4．冲洗车身泡沫和干车身的操作规程

（1）冲洗车身泡沫的操作规程。使用喷枪冲洗经过洗车液泡沫擦拭后已呈浮化状态或悬浮状态的污渍，使其脱离车身表面。冲洗时应自上而下以赶水的方式进行，冲洗车身泡沫操作如图 2-38 所示，冲洗车轮泡沫操作如图 2-39 所示。注意要把车身接缝处、拐角处的泡沫等残留物冲洗干净，不要遗漏。

图 2-38　冲洗车身泡沫操作

图 2-39　冲洗车轮泡沫操作

（2）干车身的操作规程。车身泡沫完全冲去后，先使用大块半湿毛巾对汽车通体擦拭两遍，吸去水分，如图 2-40 所示；再使用干燥的合成麂皮或软毛巾逐块擦干车身、车门内边框，如图 2-41 和图 2-42 所示；最后使用吹气枪把车身缝隙和接口处的水分吹干，如图 2-43 所示，使车身表面无水渍、无漏擦之处、无毛巾的残毛（脱掉的毛屑）。

图 2-40　使用大块半湿毛巾对汽车通体擦拭操作

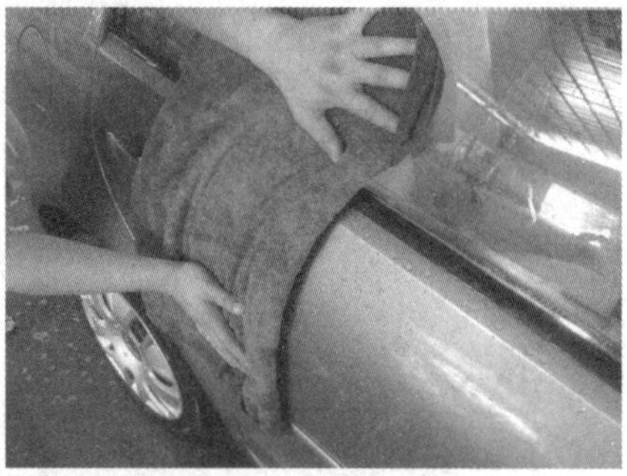

图 2-41　使用干燥的软毛巾逐块擦干车身操作

图 2-42　使用干燥的软毛巾逐块擦干车门内边框操作

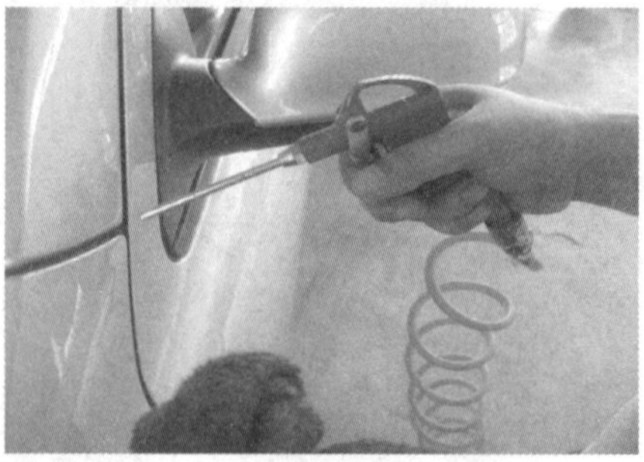

图 2-43　使用吹气枪吹干车身缝隙和接口处的水分操作

5. 轮胎上光护理的操作规程

使用洗车液清洗轮胎，能够在一定程度上去除污渍，但是无法使轮胎恢复到全新的状态，因此可以对轮胎上轮胎釉，如PRO的S-87。将适量轮胎釉倒置到刷子上，然后用刷子擦拭轮胎，可以使轮胎光亮、洁净并防止龟裂。轮胎上光护理操作如图2-44所示。

图2-44 轮胎上光护理操作

6. 清洁脚垫的操作规程

从车内取出脚垫，使用喷枪冲洗，喷洒专用清洗剂，接着使用板刷刷洗，然后使用喷枪将地毯正面清洗剂和地毯背面清洗剂完全冲洗干净。喷枪冲洗脚垫操作如图2-45所示。按照地毯甩干机的承受能力，将地毯横立放置（正面向外）甩干。地毯甩干机甩干脚垫操作如图2-46所示。

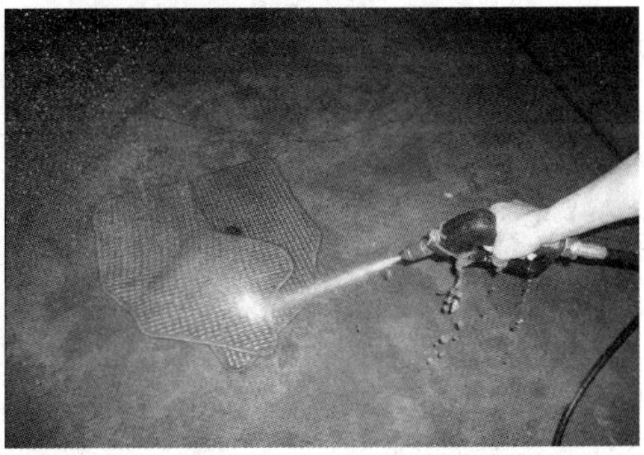

图2-45 喷枪冲洗脚垫操作

图2-46 地毯甩干机甩干脚垫操作

7. 使用无划痕洗车清洗机和调配免擦无划痕洗车粉的操作规程

（1）无划痕洗车清洗机是一台二合一的清洗机，如图2-47所示，通过和扇形高压水枪配合，能同时喷出预洗材料和水。无划痕洗车清洗机出水稳定、工作压力稳定，压力一般在6 kg/m^2左右。但是它需要一个专门的容器存放材料。

（2）不同的免擦无划痕洗车粉的调配比例各不相同，有1∶40或者1∶100多种，如图2-48所示。配比方法：在桶内放入三分之二的水，然后倒入产品均匀地进行搅拌。

图 2-47　无划痕洗车清洗机

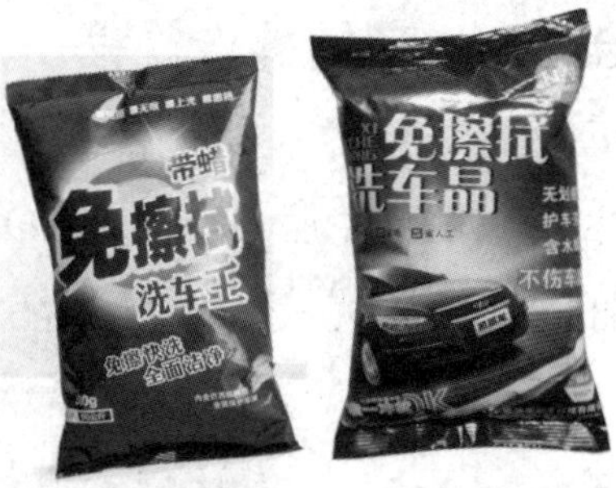

图 2-48　免擦无划痕洗车粉

任务实施

清洗车身表面

（1）全面检查车身表面，并做好污染物类型和污染程度的记录。

（2）检查车门、车窗、后备箱盖等部位是否已关闭严实。

（3）冲洗车身表面如图 2-49 所示。先使用喷枪冲湿整个车身表面，尽量将车身表面上的灰尘和泥巴冲洗掉，然后使用高压水枪冲洗，并着重冲洗汽车车轮（如图 2-50 所示）、两侧防撞条、底盘等部位。

图 2-49　冲洗车身表面

图 2-50　冲洗汽车车轮

（4）按照使用说明书配制洗车液泡沫，并将洗车液泡沫均匀地喷洒到整个车身表面，如图 2-51 所示。

图 2-51　喷洒洗车液泡沫

（5）使用毛巾按照擦车顺序擦洗车身表面，如图 2-52 所示。擦车顺序是车顶→风挡玻璃→发动机罩→防护杠→灯具→车身的一侧（包括玻璃）→车身后部（包括玻璃，尾灯）→车身的另一侧（包括玻璃）及车轮。

图 2-52　擦洗车身表面

（6）使用高压水枪按照擦车顺序冲洗整个车身表面，直到把洗车液泡沫冲洗干净为止，如图 2-53 所示。

图 2-53　冲洗洗车液泡沫

（7）两人配合，使用大毛巾快速擦干车身表面的浮水，如图 2-54 所示。

图 2-54　擦干车身表面的浮水

（8）使用干净的毛巾擦干全车，包括轮胎、轮毂等部位，如图 2-55 所示。

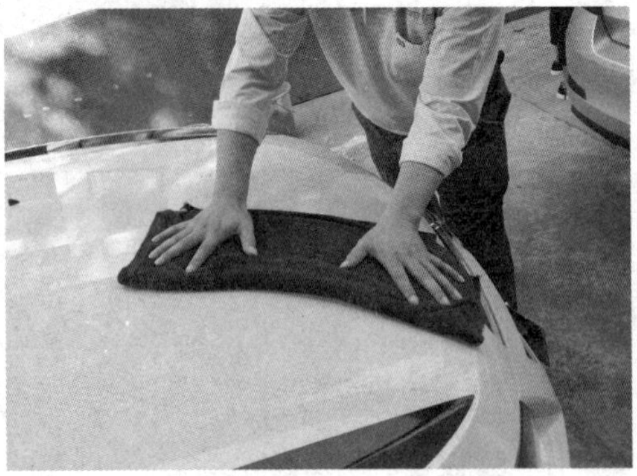

图 2-55 擦干全车

（9）使用压缩空气按照擦车顺序吹干残留水分，尤其注意车门、车窗的缝隙处，如图 2-56 所示。

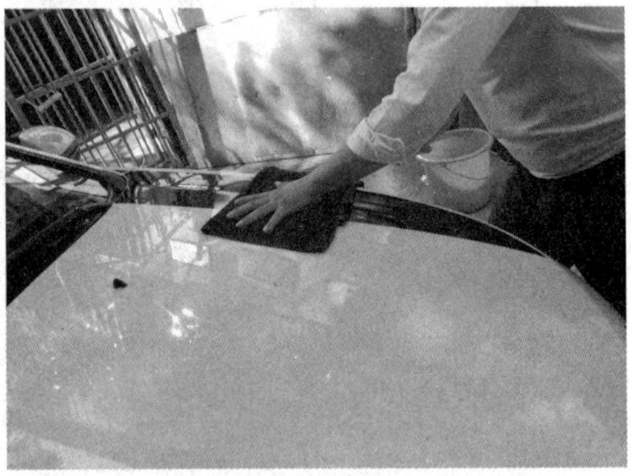

图 2-56 吹干残留水分

素养与思政

本任务要求分组训练，各小组必须按照规范的操作方式清洁美容车身表面，力求对专业技能做到精益求精，弘扬大国工匠精神，在清洗的过程中节约用水及洗洁用品，培养学生树立“绿水青山就是金山银山”的环保理念。各小组在实训过程中必须团结一致、相互合作学习，操作过程中注意安全，要求全程实现“7S”管理。

技能训练

在实训车间完成以下工作。

1．按照规范的流程清洗车身表面。

2．小组成员相互合作，按照规范的流程操作，注意安全，全程要求按照“7S”管理标准操作。

任务2　发动机舱清洗护理

知识目标

1. 了解发动机清洗护理的作用。
2. 掌握发动机舱清洗护理的工作流程。

能力目标

1. 能正确使用发动机舱清洗护理的设备和用品。
2. 能正确清洗发动机舱。

思政目标

1. 通过发动机舱清洗护理规范的操作流程，培养学生对发动机舱清洗护理工艺精益求精的工匠精神。
2. 通过学生小组合作学习，培养学生爱岗敬业、团结互助的价值观。
3. 通过课堂教学活动培养学生的职业素养和法律意识。

任务引入

汽车在使用过程中由于底盘密封不严，而且大部分汽车的发动机下面没有防护板或者防护不到位，所以汽车在行驶过程中如果遇到泥水路面，泥水就会飞溅到发动机舱；还有一些汽车停放在小区时，经常会有老鼠进入发动机舱，车主在开车时会闻到一股恶臭味，因此发动机舱的清洗就显得尤为重要。

本任务针对初学者介绍了发动机舱清洗护理的设备和用品，以及各种工具的正确使用方法，使初学者尽快掌握汽车美容的基本知识及技能。

相关知识

一、发动机清洗护理的作用

发动机清洗护理对每辆汽车来说都是首要考虑的问题，发动机是汽车核心的部位。如果发动机外部的尘土、积碳和胶质等有害物质长期存在会转化成油泥，渗透到发动机外表，不仅会使金属零部件生锈、塑料零部件老化变形，还会导致发动机功率的下降和油耗的增加，甚至因发生各种氧化而损坏发动机。

作为汽车的“心脏”，发动机除了维修和传统保养，还需对其外部进行清洗。

二、发动机舱清洗护理的工作流程

发动机舱清洗护理的工作流程包括发动机表面除尘，发动机表面清洗，发动机上盖及边缘除污处理，发动机表层除泥沙、油污、氧化物处理，发动机外部、水箱、驾驶室前壁、水管等深层清洁，去除发动机药剂残留物，发动机舱上光、防老化处理等。

三、发动机舱清洗护理的设备和用品

发动机舱清洗护理用到的设备和用品包括多功能清洗枪、吹尘枪、龙卷风清洁枪、专用长毛刷、专用大小毛刷、毛巾、上光枪、发动机清洗剂、上光保护剂、表板蜡等。

1. 多功能清洗枪

多功能清洗枪是专业清洗发动机的工具，如图 2-57 所示。该枪配有两根管，一根出材料，一根接气，通过气流带动材料，然后通过旋转气体进行清洗。

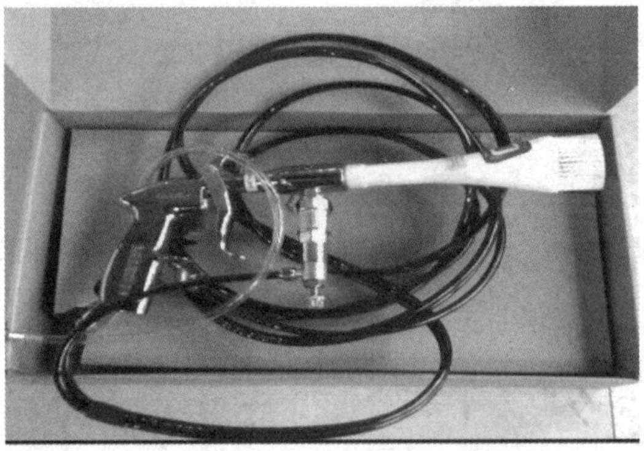

图 2-57 多功能清洗枪

2. 发动机清洗剂

发动机清洗剂如图 2-58 所示，具有无腐蚀性的特点，在清洗发动机的同时不会对发动机的各个敏感部位产生破坏。本品可快速去除发动机外部的油污、油垢、尘垢等，不易燃，并可使生物分解，稀释比例为 2∶1。

图 2-58　发动机清洗剂

四、发动机舱清洗护理的操作规程

1．发动机表面除尘

打开发动机，先使用吹尘枪清除发动机表面灰尘，接着把发动机内的行车电脑主板、线路突出部分使用塑料膜包裹起来，然后使用毛巾在外层再包裹一层，避免进水。

2．发动机表面清洗

使用发动机清洗剂配合喷雾瓶先对发动机表面全部喷洒一遍，5 分钟后再使用高压水枪冲洗一遍（在冲洗时必须注意避免对空调进气口、火花塞、起动机、蓄电池接口等直接冲洗）。

注意

发动机舱清洗护理是汽车美容与装饰行业较危险的项目，原因是在清洁的过程中需要用到水和清洁产品等，它们容易使发动机内的行车电脑主板、线路、电机等电子元件损坏。所以在不熟悉发动机构造的情况下进行发动机舱清洗护理时，需要维修部门的技术人员全程跟进。

3．发动机上盖及边缘除污处理

使用发动机清洗剂先对发动机上盖全部喷洒一遍，5 分钟后再使用高压水枪冲洗干净（有些发动机上盖有进气通道，清洗时要仔细清洗），然后使用吹尘枪吹干外表面的水珠。

4．发动机表层除泥沙、油污、氧化物处理

使用发动机清洗剂先对发动机表层的泥沙、油污、氧化物进行局部喷洒，5 分钟后再使用毛刷反复擦洗，然后使用高压水枪冲洗干净。

5．发动机外部、水箱、驾驶室前壁、水管等深层清洁

使用发动机清洗剂先对发动机外部、水箱、驾驶室前壁、水管等全部喷洒一遍，5 分钟后再使用高压水枪冲洗干净。

6. 去除发动机药剂残留物

使用低压清水去除发动机药剂残留物。

7. 发动机舱上光、防老化处理

发动机舱清洗干净吹干水珠后，在塑料零部件上喷洒上光保护剂或表板蜡，然后用毛巾擦均匀。发动机舱上光、防老化处理如图 5-59 所示。

图 2-59 发动机舱上光、防老化处理

8. 全车检查，清理，交车

对全车质量进行检查，如果没有问题将汽车开到交车区交给客户。

9. 收拾工具，打扫现场卫生

清洁场地，整理工具并放在规定位置。

【拓展知识】

发动机重要零部件的保护方式：使用防水塑胶布进行最里层的保护，之后使用毛巾再次保护。使用防水塑胶布和毛巾保护发动机如图 2-60 所示。

图 2-60 使用防水塑胶布和毛巾保护发动机

【趣味知识】汽车遭遇暴雨后的处理

每次遇到暴雨或者大雾，不少驾驶者都会自觉打开危险报警闪光灯（又称双闪灯），其实，此时最应该打开的是雾灯，而非危险报警闪光灯。因为雾灯本身在设计时就不是用来照明的，它的光束发散，所以看起来很亮却不会晃眼，如果遇到雨非常大、能见度非常低的情况，还要开启后雾灯。另外，当危险报警闪光灯打开时，转向灯的功能随之失效（部分高端车例外)，后方车辆就无法判断驾驶者的转向意图。同时在暴雨环境下行车尽量避免紧急制动，因为在暴雨环境下紧急制动，制动盘和制动片之间的水会形成水膜，容易产生制动打滑和左右两边制动不平衡的现象。如果急需减速可以松开加速踏板进行适当的减挡控速，之后再缓缓地踩制动踏板。

任务实施

清洗发动机舱

(1) 打开发动机罩，将发电机、制动油壶等用布遮盖或用塑料袋封住，如图 2-61 所示。

图 2-61　遮盖发电机、制动油壶等

(2) 喷洒发动机清洁剂到各个零部件上，特别脏的地方要多喷点，如图 2-62 所示。

图 2-62　喷洒发动机清洁剂到各个零部件上

（3）待发动机清洁剂开始溶解的时候，使用高压水枪冲洗发动机舱及其污渍处，如图 2-63 所示。

（4）使用高压水枪冲洗前风挡玻璃下的出风口，如图 2-64 所示。

图 2-63 冲洗发动机舱及其污渍处

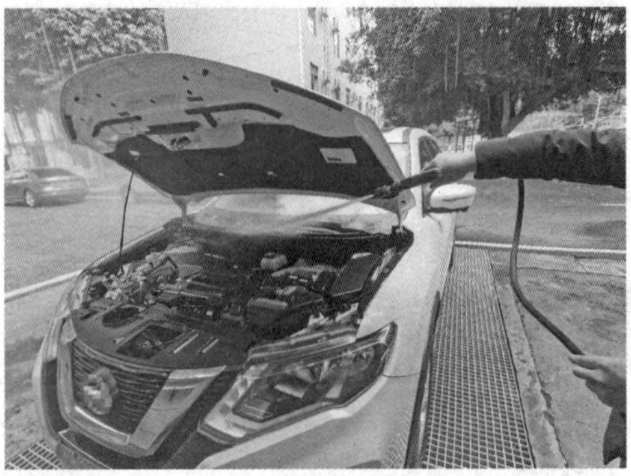

图 2-64 冲洗前风挡玻璃下的出风口

（5）使用高压水枪冲洗前风挡玻璃与发动机舱隔热空间内的树叶、污泥和灰尘等，如图 2-65 所示。

（6）使用高压水枪冲洗水箱、散热片及冷凝器上的树叶、蚊虫、灰尘等，注意应先由内往外冲洗。

（7）使用高压水枪冲洗左右车轮挡泥板、发动机舱内侧排水孔，并将树叶、污物等取出，如图 2-66 所示。

图 2-65 冲洗隔热空间

图 2-66 冲洗左右车轮挡泥板、发动机舱内侧排水孔

（8）取下遮盖布或塑料袋，并用清洁的布将发动机舱各零部件彻底擦拭干净，特别是发动机罩底部。

（9）当各零部件彻底干燥后，对塑料零部件和橡胶零部件喷洒上光保护剂。

素养与思政

本任务要求分组训练，各小组必须按照规范的操作方式清洗护理发动机舱，力求对专业技能做到精益求精，弘扬大国工匠精神，在清洗的过程中节约用水及洗洁用品，培养学生树立“绿水青山就是金山银山”的环保理念。各小组在实训过程中必须团结一致、相互合作学习，操作过程中注意安全，要求全程实现“7S”管理。

【拓展知识】

全自动洗车机全称为全电脑自动洗车机，全自动洗车机是一种通过电脑设置相关程序来实现自动清洗、打蜡、风干清洗轮辋等工作的机器。全自动洗车机分为无接触式全自动洗车机和毛刷式全自动洗车机，无接触式全自动洗车机如图 2-67 所示。全自动洗车机的投资小，单纯洗车比人工洗车机速度快，而且效率高。

图 2-67　无接触式全自动洗车机

（1）无接触式全自动洗车机。

无接触式全自动洗车机大体可以分为两类，一类是框架式的，另一类类似于往复式，原理大致相同。在国内，大部分无接触式全自动洗车机一般都只重点清洗汽车的两侧。对于车头和车尾，基本上都是在高压水冲洗的时候，顺带湿润一下，并不能去掉部分灰尘。当然有些洗车机也能够解决这个问题，但是还是需要人工擦拭，毕竟高压水不如刷子洗得干净。

系统采用激光定位技术确定汽车的位置和形状，并控制清洗媒介对汽车的上下和周边清洗，大大减少了洗车房的占地面积和设备维护。

无接触式全自动洗车机的优点：无接触免擦洗，不伤车漆。在传统的洗车过程中都需要刷条、海绵、刷子之类的物质接触车身表面并进行刷洗清理，但是在清洗较脏的车身表面时容易夹杂沙粒、泥粒等物质并在车身表面摩擦，这时候的沙粒、泥粒就充当了打磨沙粒，在清洗过程中会出现刷花、刷伤车漆的情况，造成了汽车漆面的损伤，为了避免这一问题的出现，所以推出了新型无接触式全自动洗车机。

（2）毛刷式全自动洗车机。

毛刷式全自动洗车机（如图 2-68 所示）是指汽车停放在固定的位置不动，洗车设备根据车型来回往复运动，可以实现自动冲洗底盘（一般不要使用自动冲洗底盘，因为有些车质量不好，可能会把汽车扬声器冲坏）、自动喷洒电脑洗车机专用洗车液和水蜡、自动仿行刷洗、自动仿行风干的目的。一辆脏车进去，一辆净车出来，洗车时间为3分钟左右。

图2-68 毛刷式全自动洗车机

很多人都说往复式洗车机伤害车漆，其实汽车在行驶的过程中与空气摩擦，很多灰尘附着在车身表面，时间长了会形成一种膜，这种膜会对车漆造成持续伤害，高压水是冲不掉这层膜的。带刷子的洗车机，其刷子可以均匀地把这种膜打掉，而且刷子都是高复合材料，对车漆是不会造成伤害的。

技能训练

在实训车间完成以下工作。

1．按照规范的流程清洗发动机舱。

2．小组成员相互合作，按照规范的流程操作，注意安全，全程要求按照“7S”管理标准操作。

项目三

汽车室内清洁护理

项目描述

由于汽车在使用过程中汽车内饰中的地毯、座椅、空调等常常接触潮湿的空气或水渍，在春季特别是梅雨季节，这些零部件容易滋生细菌，内饰很快发生霉变，并散发出臭味，不仅影响室内空气环境，更重要的是危害人体健康，所以需要定期进行汽车室内清洁与护理。

汽车室内清洁与护理是一种汽车美容方式，室内清洁分为地毯、顶篷、座椅、空调出风口、仪表板、中控台、地板、后备箱等汽车室内除臭消毒，以及塑料零部件防老化处理等。

任务1 汽车室内地毯与顶篷清洁护理

知识目标

1. 了解汽车室内地毯与顶篷清洁护理的作用。
2. 掌握汽车室内地毯与顶篷清洁护理的工作流程和操作规程。

能力目标

1. 能正确使用汽车室内地毯与顶篷清洁护理的设备和用品。
2. 能正确清洁护理汽车室内地毯与顶篷。

思政目标

1. 通过在汽车室内地毯与顶篷清洁护理的过程中节约用水及洗洁用品，培养学生树立“绿水青山就是金山银山”的环保理念。
2. 通过学生小组合作学习，培养学生爱岗敬业、团结互助的价值观。
3. 通过对地毯清洗剂等用品的性价比进行比较，引导学生使用国产品牌，培养学生的爱国主义情怀。

任务引入

刘先生的汽车开了三年，平时也没有好好打理。今年春节过后，刘先生出差了三个多月，回来后发现，出差前将汽车停放在地下车库，加上阴雨天气，汽车的车垫、座椅垫等织物的一些地方发霉了，所以刘先生准备开车去做一个全面的清洁护理。

本任务针对初学者介绍了汽车室内地毯与顶篷清洁护理用品的类型和各种车身美容工具的正确使用方法，使初学者尽快掌握汽车美容的基本知识及技能。

相关知识

一、汽车室内清洁护理的作用

现在人们越来越重视汽车内部的装饰，特别是一些豪华汽车，装备全面、结构复杂，而且配备了昂贵的各类电控设备、丝绒或者真皮座椅等，所以保持车内清洁和做好各项美容护理显得尤为重要。汽车室内零部件平时因受外界油、尘、泥沙、烟、乘客汗渍及空气循环等不良因素的影响，使汽车室内空气受到污染。内饰中的地毯、真皮或丝绒座椅、空调出风口、后备箱等零部件经常接触潮湿的空气和水，使丝绒发霉、真皮老化，甚至产生难闻的气味，还会滋生细菌，影响人体的身心健康，不利于驾驶员的心境。因此，汽车室内的清洁护理非常重要。

经常做汽车室内清洁护理有以下优点：第一，美化车室的内饰环境，汽车室内的干净环境也有利于人们的生理及心理健康；第二，汽车室内各个部位进行清洁、杀菌除臭和护理等项目可以延长这些零部件的使用寿命。

二、汽车室内清洁护理的工作流程

汽车室内清洁护理的项目具有多样性，有绒布制品、皮革制品、橡塑制品等零部件。不同材料的零部件的清洁护理需要使用相应的养护用品，不同的养护用品的使用方法也不同。不同的汽车美容与装饰企业的汽车室内清洁护理流程也不相同。汽车室内清洁护理的流程如下。

（1）全车清洗（普洗流程清洗）。

（2）全车脱水（干车流程）。

（3）整理车内物品。

（4）顶篷清洁护理。

（5）仪表板清洗。

（6）中央储物箱清洗。

（7）烟灰盒及杂物箱清洗。

（8）门板清洁。

（9）真皮座椅清洗。

（10）后台清洗。

（11）安全带清洗。

（12）车内地毯清洁。

（13）后备箱清洗。

（14）全车门边、门柱橡胶条清洗。

（15）空调清洁。

（16）仪表板、中控台上光护理。

（17）门板上光护理。

（18）真皮上光护理。

（19）全车室内塑料零部件的防老化处理。

（20）车门锁润滑护理。

（21）全车室内除臭消毒。

（22）全车缝隙风枪吹尘。

（23）把杂物箱中的车上物品放回车内。

（24）收拾工具，打扫现场卫生。

（25）验收检查。

三、汽车室内地毯清洁护理

1. 汽车室内地毯清洁护理的作用

汽车室内地毯清洁护理是汽车室内清洁护理项目中的一项，与车内其他的装饰件一样，因受外界油、尘、泥沙、烟、乘客汗渍及空气循环等不良因素的影响，使汽车室内空气受到污染。汽车室内地毯经常接触潮湿的空气和粉尘，使汽车室内地毯上布满灰尘和污垢，汽车室内地毯发霉，甚至产生难闻的气味，还会滋生细菌，影响人体的身心健康，不利于驾驶员的心境。因此，汽车室内地毯清洁护理非常重要。

2. 汽车室内地毯清洁护理的工作流程和操作规程

（1）把脚垫拿出去清洗。

（2）室内地毯吸尘。使用吸尘器对室内地毯进行吸尘，如图 3-1 所示。

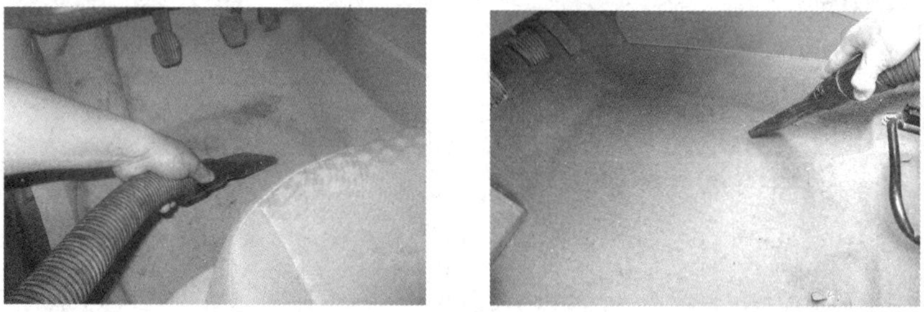

图 3-1　吸尘器吸尘

（3）室内地毯清洗。使用捶打式吸尘枪配合地毯清洗剂清洗室内地毯，如图 3-2 所示。

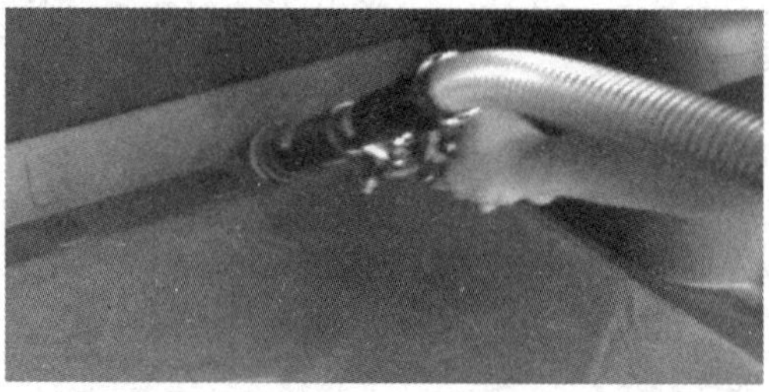

图 3-2　使用捶打式吸尘枪清洗室内地毯

（4）竣工验收检查。

3．汽车室内地毯清洁护理的设备和用品

（1）龙卷风清洗枪。

龙卷风清洗枪用于清洁汽车内饰，通过压缩空气带动材料，集高压吹尘、喷液于一体，通过旋转气体进行清洗。

（2）捶打式吸尘枪。

捶打式吸尘枪如图 3-3 和图 3-4 所示，用于清洁地毯，须接吸尘器和气管，通过压缩空气带动材料进行清洗，同时把污垢、泥沙等吸入吸尘器中。

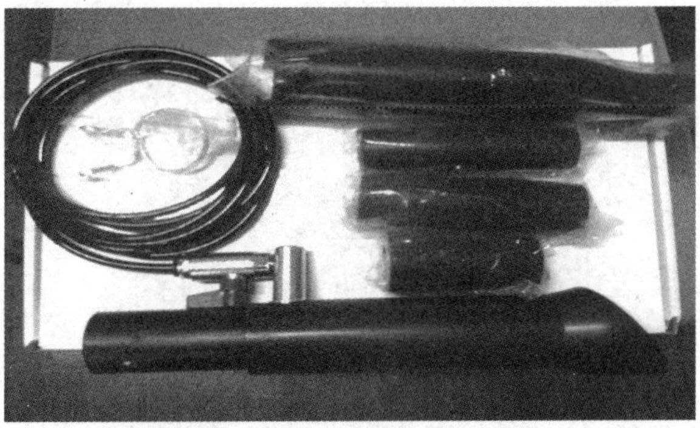

图 3-3　捶打式吸尘枪（一）

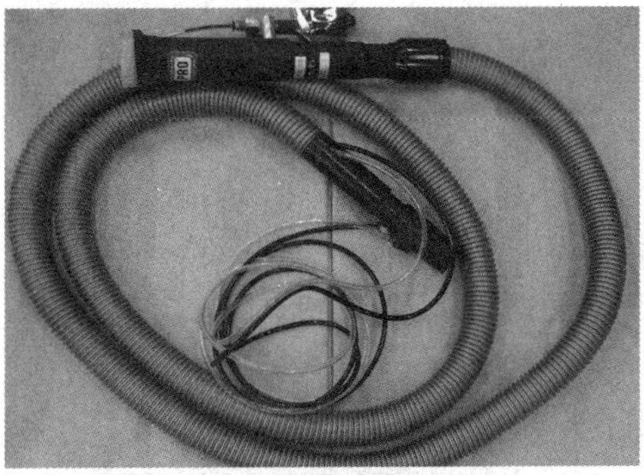

图 3-4　捶打式吸尘枪（二）

（3）地毯清洗剂。

地毯清洗剂是高效泡沫清洗剂，如图 3-5 所示，在去除顽固污渍的同时保证纤维制品较少地变湿，并更快干燥，可以恢复纤维制品的光亮及色彩。本品的稀释比例为 9∶1。

图 3-5　地毯清洗剂

四、汽车室内顶篷清洁护理

1．汽车室内顶篷清洁护理的作用

汽车室内顶篷清洁护理是汽车室内清洁护理项目中的一项，与车内其他的装饰件一样，因受外界油、尘、泥沙、烟、乘客汗渍及空气循环等不良因素的影响，使汽车室内空气受

到污染。丝绒顶篷经常接触潮湿的空气和水，使丝绒发霉，甚至产生难闻的气味，还会滋生细菌，影响人体的身心健康，不利于驾驶员的心境。因此，汽车室内顶篷清洁护理非常重要。

2．汽车室内顶篷清洁护理的工作流程和操作规程

（1）使用龙卷风清洗枪清洗顶篷。使用龙卷风清洗枪配合清洁产品清洗顶篷时要由内而外进行清洁，如图 3-6 所示。

（2）擦拭顶篷。使用干净的毛巾擦拭顶篷，如图 3-7 所示。

（3）最后再使用干洗枪吹干顶篷。干洗枪与顶篷之间保持 30°～45°的倾斜角度进行吹干。

图 3-6　使用龙卷风清洗枪清洗顶篷

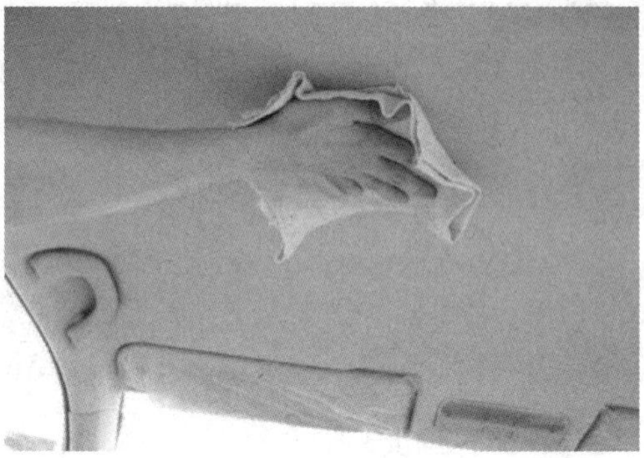

图 3-7　擦拭顶篷

3．汽车室内顶篷清洁护理的设备和用品

（1）龙卷风清洗枪。

龙卷风清洗枪如图 3-8 所示，用于清洁汽车内饰，通过压缩空气带动材料，集高压吹尘、喷液于一体，通过旋转气体进行清洗。

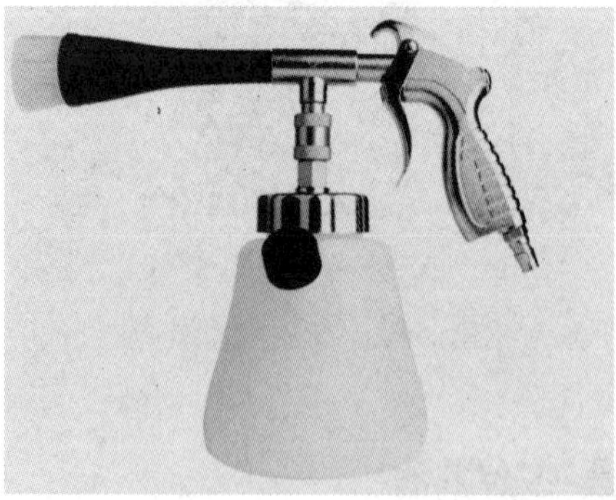

图 3-8　龙卷风清洗枪

（2）吹尘枪。

吹尘枪又称为干洗枪，如图 3-9 所示，它能把车身表面等位置边边角角的杂质通过旋转气体吸出来，同时也能把水吹出来。

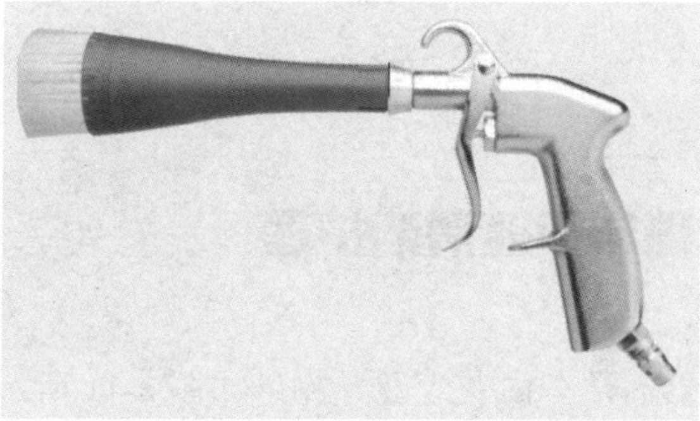

图 3-9 吹尘枪

（3）高档纺织物清洗剂。

高档纺织物清洗剂如图 3-10 所示，是非腐蚀性成分产品，既环保又具备强力清洗和快速清洗功能，并伴有清新香味。本品的稀释比例为 40∶1。

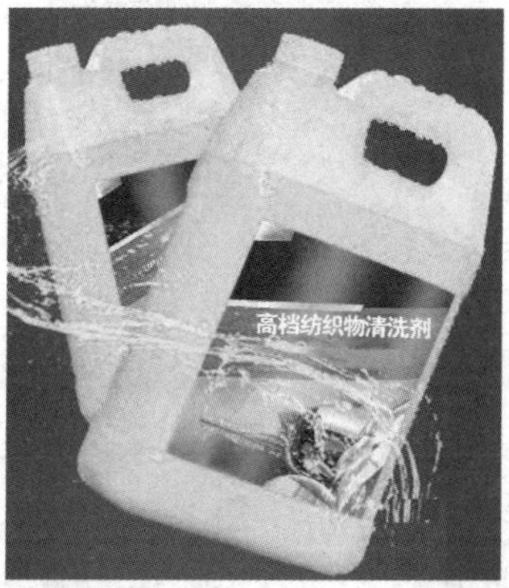

图 3-10 高档纺织物清洗剂

注意

如果顶篷不按照标准手法进行清洁，有可能导致顶篷鼓包，甚至脱落。

【趣味知识】汽车室内污染的主要成分和来源

有害化学成分：来源于车内装饰材料（如脚垫、胶水、油漆、涂料、木制品等），越是豪华的车越容易产生这类污染。

霉：来源于空调、脚垫、座套、车上杂物及容易滋生细菌的地方。

异味：来源于烟味（在车内吸烟时，烟碱及烟气中的固形物吸附在空调及车内饰表面上）、宠物的气味（宠物本身的气味及其排泄物的气味）、食物的气味（车上放了气味很大的食物，如榴莲、大蒜、海鲜等）。

任务实施

汽车室内地毯与顶篷清洁护理

（1）吸尘。使用吸尘器清洁车内灰尘及异物，如图 3-11 所示。

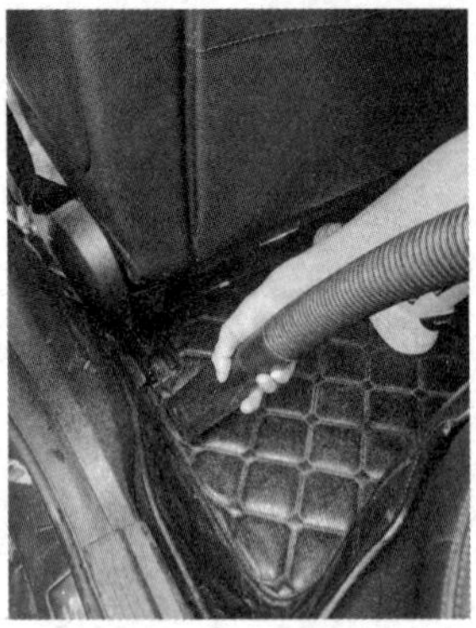

图 3-11 吸尘

（2）清洗顶篷。使用龙卷风清洗枪清洗顶篷，如图 3-12 所示（或者先喷洒多功能泡沫清洁剂，然后用毛巾擦洗，如图 3-13 所示）。

图 3-12 龙卷风清洗枪清洗顶篷

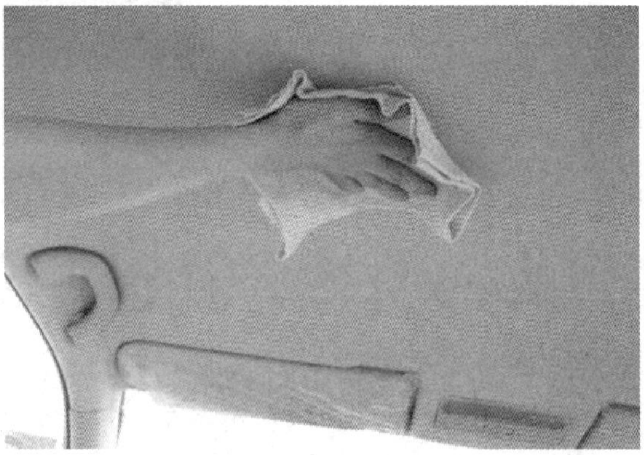

图 3-13 毛巾擦洗

（3）清洁车门。先在车门内饰板上喷洒多功能泡沫清洁剂，5 分钟后用毛刷及毛巾擦拭干净即可。

（4）清洁仪表板及中控区。先在仪表板及中控区上喷洒多功能泡沫清洁剂，5 分钟后用毛刷及毛巾擦拭干净即可。

素养与思政

本任务要求分组训练，各小组必须按照规范的操作方式清洁护理汽车室内地毯与顶篷，力求对专业技能做到精益求精，弘扬大国工匠精神，在清洗的过程中节约用水及洗洁用品，培养学生树立“绿水青山就是金山银山”的环保理念。各小组在实训过程中必须团结一致、相互合作学习，操作过程中注意安全，要求全程实现“7S”管理。

技能训练

在实训车间完成以下工作。

1．按照规范的流程清洁护理汽车室内地毯与顶篷。

2．小组成员相互合作，按照规范的流程操作，注意安全，全程要求按照“7S”管理标准操作。

任务2 汽车室内仪表板、中控台清洁护理及全车室内塑料零部件防老化处理

知识目标

1. 了解汽车室内仪表板、中控台清洁护理设备和用品的类型。
2. 了解汽车室内仪表板、中控台清洁护理的工作流程。
3. 了解全车室内塑料零部件防老化处理的工作流程。

能力目标

1. 能正确使用汽车室内仪表板、中控台清洁护理的设备和用品。
2. 能正确清洁护理汽车室内仪表板、中控台。
3. 能正确处理全车室内塑料零部件防老化部位。

思政目标

1. 通过汽车室内仪表板、中控台清洁护理规范的操作流程，培养学生对汽车室内仪表板、中控台清洁护理工艺精益求精的工匠精神，在清洁的过程中节约用水及洗洁用品，培养学生树立“绿水青山就是金山银山”的环保理念。

2. 通过学生小组合作学习，培养学生爱岗敬业、团结互助的价值观。

3. 通过对专业多功能清洗剂等产品的性价比进行比较，引导学生使用国产品牌，培养学生的爱国主义情怀。

任务引入

刘先生开车带着家人和朋友去海边旅游，在回来的途中，进入服务区休息时，孩子吃东西不小心把中控台弄脏了，所以刘先生决定开车去美容店做一个全面的清洁护理。

本项目针对初学者介绍了汽车室内仪表板、中控台清洁护理过程中常用工具的类型和各种工具的正确使用方法，使初学者尽快掌握汽车美容的基本知识及技能。

相关知识

一、汽车室内仪表板、中控台清洁护理的作用

汽车室内仪表板是汽车内饰电子元件较多的地方，也是时时刻刻出现在驾驶员视野中的地方。汽车室内仪表板、中控台清洁护理是汽车室内清洁护理项目中的一项，与车内其他的装饰件一样，因受外界油、尘、泥沙、烟、乘客汗渍及空气循环等不良因素的影响，使汽车室内空气受到污染。汽车室内仪表板、中控台经常接触潮湿的空气和粉尘，使汽车室内仪表板、中控台上布满灰尘和污垢，还会滋生细菌，影响人体的身心健康，不利于驾驶员的心境。因此，汽车室内仪表板、中控台清洁护理非常重要。

二、汽车室内仪表板、中控台清洁护理的工作流程

（1）清洁护理前的准备工作。把汽车室内仪表板、中控台、储物箱里的所有物品拿出放好。

（2）清洁护理工作。使用龙卷风清洗枪配合专业多功能清洗剂、海绵、毛巾等进行清洗。

（3）清洁护理后的工作。把取出的物品原封不动地放回原位。

（4）竣工验收检查。

三、汽车室内仪表板、中控台清洁护理的设备和用品

汽车室内仪表板、中控台清洁护理的设备和用品主要有龙卷风清洗枪、吹尘枪、毛刷、魔术海绵、专业多功能清洗剂、上光保护剂等。

1．专业多功能清洗剂

专业多功能清洗剂是无腐蚀性的、强力多功能的清洗剂，如图 3-14 所示，可以深入油垢、油污，清除尘土、火山灰、橡胶黑条纹、昆虫残渣、蜡笔印痕迹等，快速安全地为发动机、轮毂、轮胎、门板和油箱口等去除油污，而且可以使用它清洗地毯、脚垫、织物、塑料等。本品的稀释比例为 20∶1。

图 3-14　专业多功能清洗剂

2．上光保护剂

上光保护剂是水基型上光剂，如图 3-15 所示，有樱桃香味，具有很强的光泽度及抗紫外线功效，适用于橡胶及塑料制品，其含有丰富的水调解成分可以使塑料、橡胶表面颜色变得亮丽如新，为达到较光泽的效果可按照 1∶1 的比例稀释。

图 3-15　上光保护剂

四、汽车室内仪表板、中控台清洁护理的操作规程

使用毛刷和干洗枪对电子零部件进行清洗，如图 3-16 和图 3-17 所示。

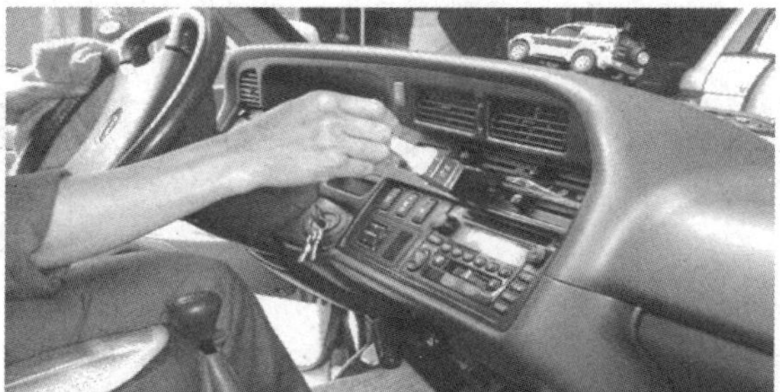

图 3-16　使用毛刷对电子零部件进行清洗

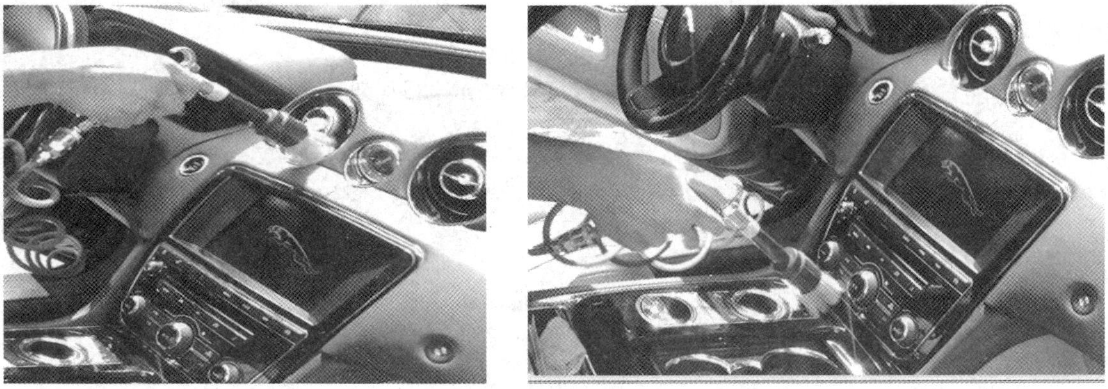

图 3-17 使用干洗枪对电子零部件进行清洗

注意

所有的电子零部件都不能直接使用龙卷风清洗枪，这样容易使电子零部件短路，应使用干洗枪，或者毛刷配合毛巾清洗。

五、全车室内塑料零部件防老化处理的作用

全车室内塑料零部件防老化处理是汽车室内清洁护理项目中的一项，与车内其他的装饰件一样，因受外界油、尘、泥沙、烟、乘客汗渍及空气循环等不良因素的影响，使汽车室内空气受到污染。全车室内塑料零部件经常会接触潮湿的空气和粉尘，使全车室内塑料零部件上布满灰尘和污垢，全车室内塑料零部件老化。因此，全车室内塑料零部件的防老化处理非常重要。

六、全车室内塑料零部件防老化处理的工作流程

（1）使用龙卷风清洗枪配合专业多功能清洗剂进行清洗。

（2）使用上光镀膜枪配合上光保护剂进行上光，之后等待 15 分钟。

（3）使用擦蜡专用的毛巾进行均匀擦拭。

七、全车室内塑料零部件防老化处理的设备和用品

全车室内塑料零部件防老化处理的设备和用品主要有龙卷风上光枪、上光保护剂、表板蜡等。

表板蜡如图 3-18 所示，适用于家用电器、汽车仪表板、轮胎、皮革座椅、家具、塑料

制品等的上光及保护。

图 3-18　表板蜡

八、全车室内塑料零部件防老化处理的操作规程

如果对车内不同部位的橡塑制品，如仪表板、排挡区、储物箱、转向盘、车门内衬、空调出风口等进行清洁护理，应根据其材质，有针对性地使用不同的专用护理用品，这样可以有效处理全车室内塑料零部件表面的细微划痕、瑕疵、雾面及污垢等。但是在清洁汽车室内仪表板时，为了防止因光的漫射而对驾驶员产生干扰，应使用不会发出耀眼亮斑的增亮剂。

任务实施

汽车室内仪表板、中控台清洁护理及全车室内塑料零部件防老化处理

（1）使用吸尘器去除橡塑制品部位的灰尘，特别是条纹、褶皱、边角的地方。

（2）如果选用表板蜡来清洁橡塑制品部位和车门内饰等，按照所选用表板蜡产品说明书的要求，使用前先摇动表板蜡罐，将表板蜡摇匀。

（3）直立罐身，将表板蜡喷涂在橡塑制品部位表面和车门内饰表面等污渍处，如图 3-19 和图 3-20 所示。

（4）使用干净软毛巾往复擦拭橡塑制品部位和车门内饰等，直到光亮为止，如图 3-21

和图 3-22 所示。

图 3-19 表板蜡喷涂在橡塑制品部位表面

图 3-20 表板蜡喷涂在车门内饰表面

图 3-21 使用干净软毛巾往复擦拭橡塑制品部位

图 3-22 使用干净软毛巾往复擦拭车门内饰

素养与思政

本任务要求分组训练，各小组必须按照规范的操作方式清洁护理汽车室内仪表板、中控台，力求对专业技能做到精益求精，弘扬大国工匠精神，在清洁的过程中节约用水及洗洁用品，培养学生树立“绿水青山就是金山银山”的环保理念。各小组在实训过程中必须团结一致、相互合作学习，操作过程中注意安全，要求全程实现“7S”管理。

技能训练

在实训车间完成以下工作。

1．按照规范的流程清洁护理汽车室内仪表板、中控台。

2．小组成员相互合作，按照规范的流程操作，注意安全，全程要求按照“7S”管理标准操作。

任务3 汽车室内座椅、安全带清洁护理

知识目标

1. 了解汽车室内座椅、安全带清洁护理用品的类型。
2. 了解汽车室内座椅、安全带清洁护理用品的作用。

能力目标

1. 能正确使用汽车室内座椅、安全带清洁护理用品。
2. 能正确使用汽车室内座椅、安全带清洁护理用品清洁汽车室内座椅、安全带。

思政目标

1. 通过汽车室内座椅、安全带清洁护理规范的操作流程，培养学生对汽车室内座椅、安全带清洁护理工艺精益求精的工匠精神。
2. 通过学生小组合作学习，培养学生爱岗敬业、团结互助的价值观。
3. 通过对多功能泡沫清洁剂等用品的性价比进行比较，引导学生使用国产品牌，培养学生的爱国主义情怀。

任务引入

刘先生开车带着家人和朋友去海边旅游，在回来的途中，进入服务区休息时，孩子吃东西不小心把吃的面包渣、液体牛奶等食物掉落到座椅上，弄得座椅非常脏，刘先生决定开车去美容店做一个全面的清洁护理。

本项目针对初学者介绍了汽车室内座椅、安全带的清洁护理过程中常用清洁护理用品的类型及正确使用方法，使初学者尽快掌握汽车美容的基本知识及技能。

相关知识

一、汽车真皮座椅清洁上光和丝绒座椅清洁护理的作用

汽车真皮座椅清洁上光和丝绒座椅清洁护理是汽车室内清洁护理项目中的一项，与车内其他的装饰件一样，因受人的汗渍、粉尘的污染等因素的影响，使汽车室内空气受到污染，而且久不清洗，汽车座椅容易老化。因此汽车座椅的清洁护理是十分必要的。

汽车座椅清洁护理的项目具有多样性，有绒布制品、皮革制品等不同材料，不同座椅的清洁护理需要使用相应的养护用品，不同的养护用品的使用方法也不同。因此，要根据不同材料的座椅部件选择相应的养护用品，并按照养护用品的使用方法进行护理。对于真皮或人造革的汽车座椅等要使用专门的皮革保护上光液、透明保护剂、真皮上光剂、皮革化纤清洁保护剂等养护用品，并按照这些养护用品的使用方法进行清洁护理。

二、汽车真皮座椅清洁上光和丝绒座椅清洁护理的设备和用品

汽车真皮座椅和丝绒座椅清洁护理常用的用品有皮革清洗剂、真皮上光剂等；常用的设备有龙卷风清洗枪、上光镀膜枪、魔术海绵、专业上光海绵、毛巾（超柔纤维洗车毛巾）等。

1. 皮革清洗剂

皮革清洗剂如图 3-23 所示，其酸碱指数为中性，具有皮革气味，能快速完全地清除皮革表面的污垢及油污，且不会有任何残留物及清洗痕迹等。

图 3-23　皮革清洗剂

2．真皮上光剂

真皮上光剂包含天然的皮革养护原料成分、丰富的乳脂护理剂和防腐剂等，如图 3-24 所示，可以帮助皮革达到恢复和保护功能。独特的无硅树脂成分能够很容易地渗透到皮革深层，结合纤维以巩固皮革功效，时刻保持皮革的柔软度和光滑度，可以有效地防止紫外线的照射。本品具有皮革的自然芳香。

图 3-24　真皮上光剂

3．皮革护理油

皮革护理油如图 3-25 所示，适用于所有类型的皮革座椅，也适用于家具的新旧皮面，如真皮沙发、皮大衣、皮鞋等。

图 3-25　皮革护理油

4．皮革保护上光液

皮革保护上光液如图 3-26 所示，适合汽车仪表板、皮革座椅，各种服装革、鞋面革、箱包革、手套革及电器塑料外壳等的护理，拥有卓越的皮革抗老化性能，耐高、低温，不含溶剂，不粘皮革，能增加皮革制品的手感，使之更加柔软自然，赋予皮革制品优良的光泽性、耐干湿擦性、柔韧性等，还具有超强的附着力及防水、去污、抗污染等性能。

图 3-26 皮革保护上光液

5．皮革保护液

皮革保护液如图 3-27 所示，适用于汽车真皮座椅、家庭真皮沙发、各种真皮及人造皮革产品等的清洁，可以在皮革表面形成保护膜，不仅能保持皮革的透气性，还彻底地隔离污垢，滋润皮革表面，防止皮革老化与硬化，维持真皮原有的质感。皮革保护液采用天然的植物精华，安全环保、除味、抑菌，可长时间隔绝灰尘、汗渍、油污等对真皮的污染，易于清洁。

图 3-27 皮革保护液

6．地毯清洁剂

地毯清洁剂如图 3-28 所示，适用于清洁车内及家用地毯、绒布座椅等，可以防止污渍的堆积，快速去除油垢。

图 3-28 地毯清洁剂

7．多功能泡沫清洁剂

多功能泡沫清洁剂如图 3-29 所示，适用于汽车室内的日常清洁，用于清洁汽车室内的化纤、木质、皮革、布艺、丝绒、工程塑料等制品（如顶篷、座椅、仪表板、地毯等）。

图 3-29　多功能泡沫清洁剂

三、汽车真皮座椅清洁上光和丝绒座椅清洁护理的工作流程和操作规程

1．汽车真皮座椅清洁上光的工作流程和操作规程

（1）清洗前的准备工作。清空汽车门边、座椅上的所有物品。

（2）清洗汽车门边。使用龙卷风清洗枪配合多功能泡沫清洁剂或者海绵配合多功能泡沫清洁剂进行清洗。

（3）清洗汽车座椅如图 3-30 所示，根据座椅材质选择产品。真皮部位使用海绵配合皮革清洗剂；丝绒部位使用龙卷风清洗枪配合高档纺织物清洗剂。

（4）汽车座椅上光如图 3-31 所示，使用上光镀膜枪配合上光保护剂进行上光。

图 3-30　清洗汽车座椅

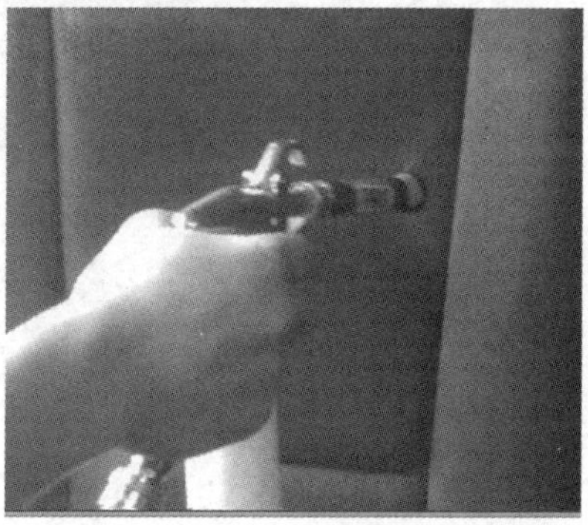

图 3-31　汽车座椅上光

（5）竣工验收检查。

2．传统的汽车真皮座椅清洁上光的工作流程和操作规程

按照所选用皮革清洁护理用品说明书的要求进行汽车真皮座椅清洁上光护理，如使用皮革护理油和皮革保护上光液进行汽车真皮座椅清洁上光护理。

（1）清洁前的准备工作。将汽车真皮座椅表面用软布擦拭干净。

（2）使用皮革护理油清洗汽车真皮座椅。先将皮革护理油喷洒在汽车真皮座椅表面污渍处，如图 3-32 所示。

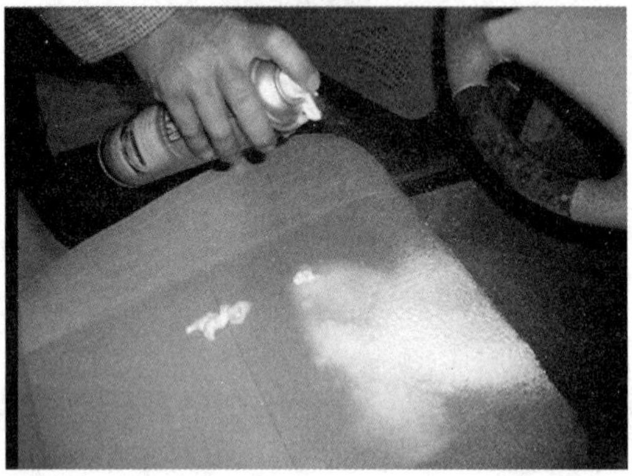

图 3-32　皮革护理油喷洒在汽车真皮座椅表面污渍处

（3）使用毛巾擦拭或用软毛刷反复刷。使用毛巾蘸取皮革护理油，然后在汽车真皮座椅表面污渍处往复擦拭，如图 3-33 所示。

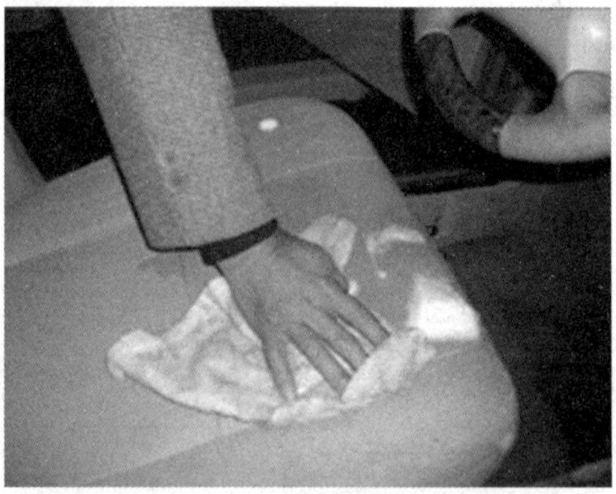

图 3-33　使用毛巾擦拭汽车真皮座椅表面污渍处

（4）使用干净的湿毛巾擦除汽车真皮座椅上擦洗出来的污渍。

（5）将汽车真皮座椅表面用软布擦拭干净，去除其上的尘土、水蒸气等。

（6）汽车真皮座椅表面干燥后，进行上光护理。将皮革保护上光液喷洒到汽车真皮座椅表面，然后浸润几分钟。

（7）使用干净毛巾反复擦拭，直至汽车真皮座椅表面光亮如新。若光亮度不够，可多遍喷洒擦拭。

（8）竣工验收检查。

3．不使用皮革制品清洁护理用品的汽车真皮座椅清洁的工作流程和操作规程

中、高级汽车多使用真皮座椅，真皮座椅不能随便使用化学清洗剂，应选用强碱性的清洗剂（如肥皂水等）进行清洁。

（1）使用干净软毛巾温水浸泡，将适量的肥皂水均匀地喷洒在软毛巾上，然后轻轻擦拭汽车真皮座椅（褶皱处可反复擦拭）。

（2）擦拭完成后，让其通风晾干，再使用不含肥皂水的干净湿毛巾擦拭两遍即可。

（3）清洗后不要用吹风机快速吹干汽车真皮座椅，可用棉纸或软毛巾擦干，避免刮伤真皮，也可以在阴凉通风处自然风干。

4．汽车丝绒座椅清洁护理的工作流程和操作规程

（1）按照所选用丝绒制品的清洁护理用品说明书的要求，如果使用多功能泡沫清洁剂清洁，应先将多功能泡沫清洁剂喷涂在汽车丝绒座椅污渍处，如图 3-34 所示。

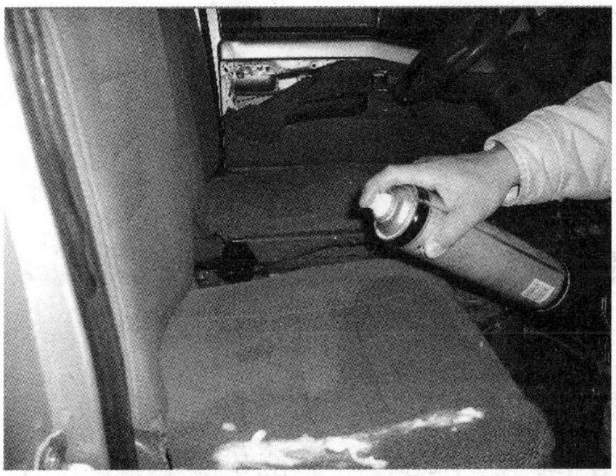

图 3-34　多功能泡沫清洁剂喷涂在汽车丝绒座椅污渍处

（2）静待数分钟后使用湿毛巾往复擦拭汽车丝绒座椅污渍处，如图 3-35 所示。

图 3-35　使用湿毛巾往复擦拭汽车丝绒座椅污渍处

（3）使用干毛巾吸除水和污渍。在汽车丝绒座椅不是很脏的时候，可配合使用长毛刷子和吸力强的吸尘器，一边刷汽车丝绒座椅表面，一边用吸尘器的吸口把污物吸出来。针对特别脏的汽车丝绒座椅，清洁时就需要进行以下几个步骤：首先用长毛刷子清洗较脏的局部（如较大污渍、垃圾等），然后用干净软毛巾蘸少量中性清洁剂，在半干半湿的状态下全面擦拭汽车丝绒座椅表面（注意软毛巾一定要拧干），最后使用吸尘器再次清洁汽车丝绒座椅并吸除多余的水分。

四、汽车室内安全带清洁护理的作用

汽车室内安全带清洁护理是汽车室内清洁护理项目中的一项，与车内其他的装饰件一样，因受外界油、尘、泥沙、烟、乘客汗渍及空气循环等不良因素的影响，使汽车室内空气受到污染。汽车室内安全带经常接触潮湿的空气和粉尘，使汽车室内安全带上布满灰尘和污垢，甚至产生难闻的气味，还滋生细菌，影响人体的身心健康，不利于驾驶员的心境。汽车室内安全带是驾乘人员直接接触较多的地方，也较容易受到人手上污垢、汗渍等的侵蚀，长时间不清洁容易发霉，严重的话会使人感染皮肤病。因此，汽车室内安全带清洁护理非常重要。

五、汽车室内安全带清洁护理的工作流程

（1）清洗前的准备工作。把清洗部位上的所有物品拿出放好。

（2）清洗汽车室内安全带。使用龙卷风清洗枪配合多功能泡沫清洁剂、毛巾等进行清洗，如图 3-36 所示。

清洗前　　清洗中　　清洗出来的污垢

图 3-36　清洗汽车室内安全带

（3）使用干洗枪吹干。

（4）竣工验收检查。

六、汽车室内安全带清洁护理的设备和用品

汽车室内安全带清洁护理的设备和用品主要有龙卷风清洗枪、魔术海绵、多功能泡沫清洁剂等。

任务实施

汽车真皮座椅和丝绒座椅的清洁

1. 汽车真皮座椅的清洁

（1）先使用吸尘器清洁汽车真皮座椅表面的灰尘及异物。

（2）喷涂多功能泡沫清洁剂，如图 3-37 所示。

图 3-37 喷涂多功能泡沫清洁剂

（3）静待数分钟后，再擦洗汽车真皮座椅表面，如图 3-38 所示。

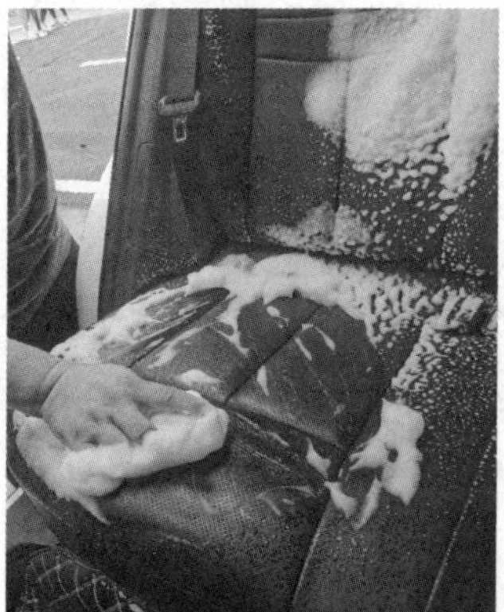

图 3-38 擦洗汽车真皮座椅表面

2．汽车丝绒座椅的清洁

（1）按照所选用丝绒制品的清洁护理用品说明书的要求，如果使用多功能泡沫清洁剂清洁，应先将多功能泡沫清洁剂喷涂在汽车丝绒座椅污渍处，如图 3-39 所示。

图 3-39　喷涂多功能泡沫清洁剂

（2）静待数分钟后使用湿毛巾往复擦拭汽车丝绒座椅污渍处，如图 3-40 所示。

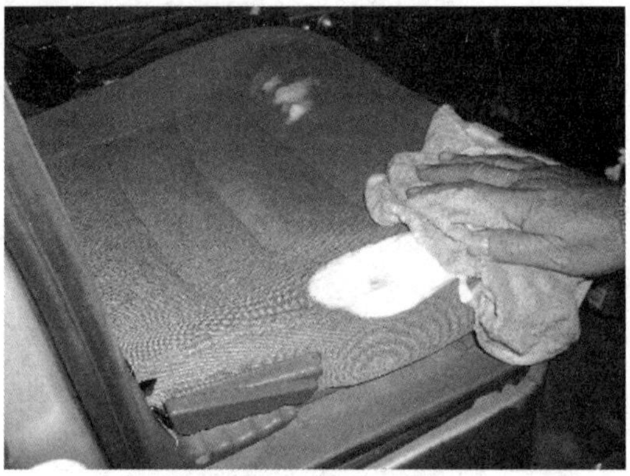

图 3-40　往复擦拭汽车丝绒座椅污渍处

（3）最后使用干毛巾吸除水和污渍。

素养与思政

本任务要求分组训练，各小组必须按照规范的操作方式清洁护理汽车室内座椅、安全带，力求对专业技能做到精益求精，弘扬大国工匠精神，在清洁的过程中节约用水及洗洁用品，培养学生树立“绿水青山就是金山银山”的环保理念。各小组在实训过程中必须团结一致、相互合作学习，操作过程中注意安全，要求全程实现“7S”管理。

技能训练

在实训车间完成以下工作。

1．按照规范的流程清洁护理汽车室内座椅、安全带。

2．完成汽车真皮座椅和丝绒座椅的清洁工作。

3．小组成员相互合作，按照规范的流程操作，注意安全，全程要求按照“7S”管理标准操作。

任务4 全车室内除臭消毒与空调清洗

知识目标

1. 了解全车室内除臭消毒与空调清洗用品的类型。

2. 了解全车室内除臭消毒与空调清洗的作用。

能力目标

1. 能正确使用设备和用品对全车室内进行消毒。

2. 能正确清洗汽车空调管道。

思政目标

1. 通过全车室内除臭消毒与空调清洗规范的操作流程，培养学生对全车室内除臭消毒与空调清洗工艺精益求精的工匠精神。

2. 通过学生小组合作学习，培养学生爱岗敬业、团结互助的价值观。

3. 通过对臭氧消毒机、空调清洗剂等用品的性价比进行比较，引导学生使用国产品牌，培养学生的爱国主义情怀。

任务引入

最近刘先生开车时总能闻到一股怪味，不仅有发霉的味道，还有其他异味，如果打开空调还能闻到一股较大的灰尘味，打电话询问汽车美容技师，汽车美容技师建议刘先生开车去汽车美容店对全车室内进行除臭消毒与空调清洗处理。

本项目针对初学者介绍了全车室内除臭消毒与空调清洗用品的类型及工具的正确使用方法，使初学者尽快掌握汽车美容的基本知识及技能。

相关知识

一、全车室内除臭消毒的作用

全车室内除臭消毒是汽车室内清洁护理项目中的一项，汽车室内空气与汽车室内其他的装饰件一样，因受外界油、尘、泥沙、烟、乘客汗渍及空气循环等不良因素的影响，使汽车室内空气受到污染，甚至产生难闻的气味，影响人体的身心健康，不利于驾驶员的心境。因此，全车室内除臭消毒非常重要。

二、全车室内除臭消毒的工作流程

全车室内除臭消毒的工作流程如下。

（1）全车室内清洁。

（2）做好消毒前的准备工作（起动发动机，打开空调，开启 A/C 键，空调风力开到 3 挡等）。

（3）进行车内消毒（全车密封），如图 3-41 所示。

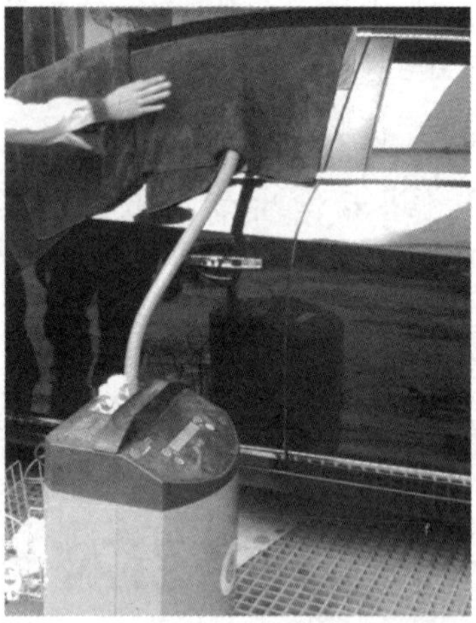

图 3-41　车内消毒

三、全车室内除臭消毒的设备和用品

1. 臭氧消毒机

臭氧消毒机如图 3-42 所示，适用于汽车内饰消毒。臭氧消毒机制造出来的大量臭氧，可以在较短的时间内破坏细菌、病毒和其他微生物的结构，使之丧失生存能力。当其浓度超过一定数值后，消毒杀菌甚至可以瞬间完成。

图 3-42　臭氧消毒机

2．除臭剂

除臭剂如图 3-43 所示。除臭剂通过独特的方式控制异味、吸收异味，而不掩盖正常的气味，特制活性成分可以永久消除异味。除臭剂还含有保证使用安全的特殊成分，适用于汽车室内、房屋内、宠物医院内、游艇内等。

图 3-43　除臭剂

3．光触媒喷剂

光触媒喷剂如图 3-44 所示。将光触媒喷剂喷涂在交通工具等物体的表面，可起到净化空气、抗菌防霉、抗污除臭、亲水自洁等作用。

图 3-44　光触媒喷剂

4．空气清新剂

空气清新剂如图 3-45 所示。空气清新剂能有效清除难闻气味和烟味等，适用于家居、办公室、汽车室内等场合，还有多种香型可供选择。

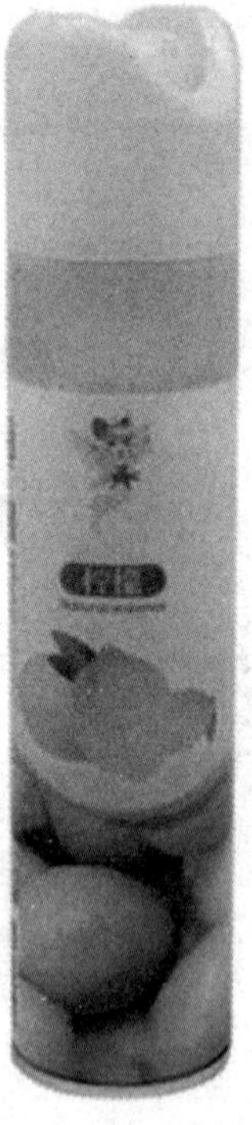

图 3-45　空气清新剂

5．空调杀菌除臭剂

空调杀菌除臭剂如图 3-46 所示。空调杀菌除臭剂含有高效杀菌的银离子，杀菌效果是一般杀菌剂的一百倍以上，可有效杀死600种病原菌并可持续抑菌。

图3-46　空调杀菌除臭剂

6．84消毒液

84消毒液含氯量为5%，使用时必须加200倍的水进行稀释，如果不按照比例稀释会有一定的腐蚀性。84消毒液不具有挥发性，对肝炎等病毒可通过浸泡起效，但对空中飘浮的飞沫没有作用。

四、全车室内除臭消毒的操作规程

1．以化学杀毒——84消毒液为例的全车室内除臭消毒的操作规程

（1）84消毒液的配制。按照84消毒液与水为1∶200的比例进行稀释，如图3-47所示。

图3-47　84消毒液的配制

（2）全车室内喷洒84消毒液进行消毒，如图3-48所示。

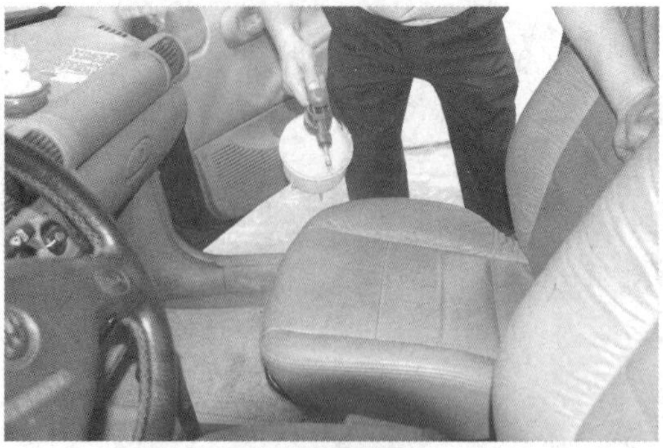

图 3-48 全车室内喷洒 84 消毒液进行消毒

（3）打开车门通风几分钟，消除 84 消毒液的味道。

2. 使用臭氧消毒机进行全车室内除臭消毒的操作规程

（1）将车窗、车门关闭，在其中一个车窗留下一些缝隙。

（2）将臭氧消毒机的臭氧气管从车窗缝隙插入，如图 3-49 所示。

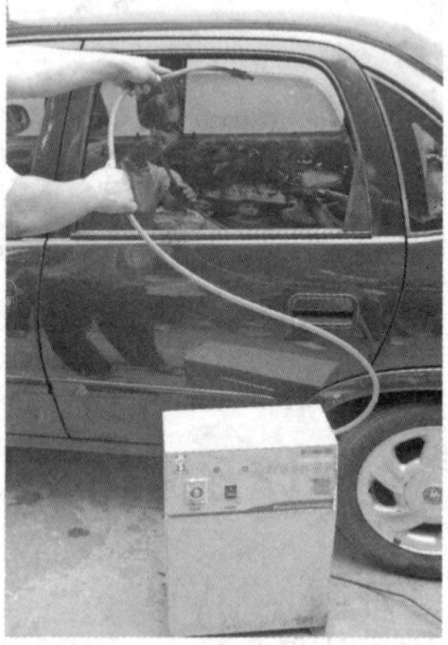

图 3-49 臭氧气管从车窗缝隙插入

（3）接通臭氧消毒机电源，消毒过程大约持续 10 分钟。

（4）消毒完成后，打开车门通风几分钟，消除臭氧味道，如图 3-50 所示。

图 3-50 打开车门通风

3．喷施光触媒喷剂进行全车室内除臭消毒的操作规程

使用前将光触媒喷剂摇匀，喷涂前先清理干净被涂物表面。喷嘴距离被涂物表面 30～45 cm，以全面均匀喷涂为原则，喷涂面以 100～200 m^2/kg 为最佳，可以根据需要待其干燥后再喷涂第二次。

4．喷施空气清新剂进行全车室内除臭消毒的操作规程

将车窗、车门关闭，再将空气清新剂喷涂在空调出风口或地毯下面，起动发动机，打开空调 5 分钟，进行全车室内异味、杀菌处理，然后打开车窗、车门，使空气自然流通。

【趣味知识】全车室内空气清洁

开车前必须要开窗通风几分钟，根据研究：汽车的仪表板、座椅、空气滤清器等会释放“苯”，产生的毒素致癌。除了致癌，“苯”还会侵蚀人体的骨髓，造成贫血和降低白细胞的数量。“苯”含量在太阳下会上升到 2 000～4 000 毫克，超出正常行车时允许量的 40 倍。所以汽车停放久了，在进入汽车前应先打开车窗，并起动汽车预热 3～5 分钟。

五、空调清洗

1．空调清洗的作用

空调在使用了一段时间后，会出现异味、制冷效果下降、费电、出风量下降等诸多问题，人长期待在空调房里会患空调综合征（头晕、乏力、免疫力下降等，俗称空调病），这都是滞留在空调散热片中的大量污垢、细菌赘生物所造成的，散热片污染会严重危害人体健康。因此定期进行空调清洗显得尤为重要。

2．空调清洗剂

空调清洗剂是专业解决空调污染的产品，能够有效杀灭散热片内的有害菌，同时残留的只有水和氧气，真正做到完美杀毒，克服了传统清洗剂刺激性强、腐蚀铝翅片、清洗效果不明显等缺点，具有清洁除菌、安全无毒、清洗后空调出风清新等独特优点。

3．空调清洗的具体步骤

（1）空调滤清器清洗/更换。

正常情况下，一个原厂空调滤清器的使用寿命是一年，如果经常对空调滤清器进行清理的话，不仅可以保证车内的空气清新，还可以延长空调滤清器的使用寿命。

每一款车型其空调滤清器放置的位置都不一样，有的空调滤清器是放在汽车的前风挡玻璃下面，有的空调滤清器是放在副驾驶位的手套箱里，车主可以查看用车手册，也可以咨询汽车 4S 店。

不同品牌的车型其空调滤清器的拆卸方法也可能有所不同，不过大体不会太难，如果不了解拆卸方法可以查看用车手册。

空调滤清器使用一段时间后，通常都会积攒很多灰尘和脏污，如果太脏，建议更换。如果空调滤清器不是很脏的话，车主可以用吹风机将空调滤清器由里往外吹干净。同时，安装的时候一定要按照箭头指示进行，否则空调滤清器不仅不起作用，还会将灰尘吹到车内。

注意

清洗空调滤清器一定不能用水，只能用气枪或吹风机等工具。

（2）空调系统清洗。

清洗空调系统需要购买空调清洗剂，车主可以在网上或汽配城购买，售价一般在 30 元左右。

正式清洗空调系统前，先将空调清洗剂摇匀，并将包装内的软管套上，接着将空调的风量开到最大并且调整到外循环模式，但是不要打开空调压缩机（A/C 按钮处于关闭状态）。

将已经摇匀的空调清洗剂对准空调滤清器的位置进行喷洒，里面的吸力会将空调清洗剂吸入，从而进行空调系统的清洗。其中特别要注意的是，空调清洗剂上面的软管不要靠鼓风机太近，以免被搅进去。

空调清洗剂喷洒完成后，车主可以让空调系统在外循环模式下再运行 10 多分钟。熄火后，空调清洗剂再对空调蒸发器和空调出风口进行清洁，然后会消泡成为液体，顺着排水口流出车外。

（3）蒸发器清洗。

如果清洗完空调系统后依旧有异味，那就意味着空调蒸发器内部或者空调管道内部有污物了，这种情况的解决办法只能是拆卸清洗空调管道和空调蒸发器，建议车主前往汽车 4S 店或汽车专业维修店清洗。

任务实施

拆卸清洗空调管道

（1）先拆卸手套箱才能拆卸空调滤清器。打开手套箱，通过挤压手套箱两侧的塑料，便能把手套箱轻松移出，然后拆卸空调滤清器，如图 3-51 所示。

（2）取出空调滤清器后把灰尘清理干净即可，如图 3-52 所示。空调滤清器一般两年更换一次。

图 3-51　拆卸空调滤清器

图 3-52　取出空调滤清器

（3）清洗空调管道。将空调调至外循环，然后将风量开到最大，接着将空调清洗剂向取下空调滤清器的位置喷入，在吸力的作用下，空调清洗剂会进入空调管道，最后让空调系统运行 10 分钟左右即可，如图 3-53 所示。

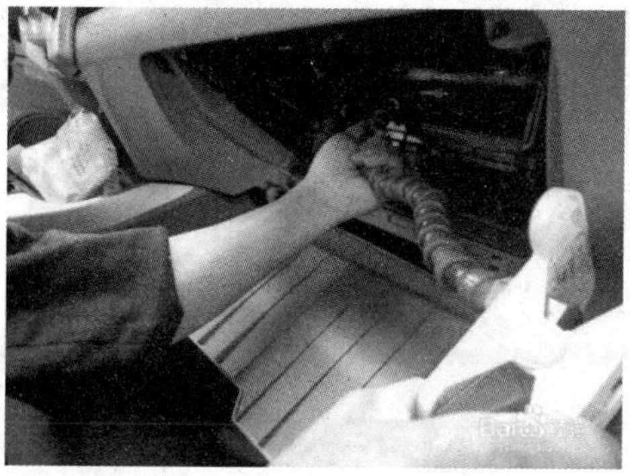

图 3-53　清洗空调管道

素养与思政

本任务要求分组训练，各小组必须按照规范的操作方式进行全车室内除臭消毒与空调清洗，力求对专业技能做到精益求精，弘扬大国工匠精神，在清洁的过程中节约用水及洗洁用品，培养学生树立“绿水青山就是金山银山”的环保理念。各小组在实训过程中必须团结一致、相互合作学习，操作过程中注意安全，要求全程实现“7S”管理。

技能训练

在实训车间完成以下工作。

1．按照规范的流程进行全车室内除臭消毒与空调清洗。

2．小组成员相互合作，按照规范的流程操作，注意安全，全程要求按照“7S”管理标准操作。

项目四

汽车漆面护理

项目描述

车身油漆可分为底漆、面漆和清漆三层，而面漆又可分为普通漆、金属漆和珠光漆等。虽然油漆表面有一定的硬度，但是经过长期的日晒雨淋，油漆表面会变得干燥，出现失光、异色斑点甚至龟裂等现象，而且加上硬物划伤、擦伤，鸟粪或飞漆等附着会严重影响美观，所以需要定期进行汽车漆面护理。

汽车漆面护理就是使用汽车护理用品并通过研磨、抛光、打蜡、封釉、镀膜等美容作业，对变异后的汽车漆面采取必要的补救措施并预防上述变异现象发生。

任务1 汽车漆面还原护理、抛光及浅划痕处理

知识目标

1. 了解汽车漆面还原护理的设备和用品的类型及作用。
2. 掌握汽车漆面抛光的工作流程。

能力目标

1. 能正确进行汽车漆面还原护理。
2. 能正确处理汽车漆面浅划痕。

思政目标

1. 通过汽车漆面还原护理、抛光及浅划痕处理规范的操作流程，培养学生对汽车漆面还原护理、抛光及浅划痕处理工艺精益求精的工匠精神。
2. 通过学生小组合作学习，培养学生爱岗敬业、团结互助的价值观。
3. 通过对抛光剂、抛光机等用品的性价比进行比较，引导学生使用国产品牌，培养学生的爱国主义情怀。

任务引入

前段时间，刘先生把汽车停放在龙眼树下面，几天后发现汽车上面有很多树胶，刘先生洗了两次车都没有清洗干净，昨天出车前保险杠又被树枝刮了几条细痕，因此刘先生准备开车去汽车美容店做一个汽车漆面护理。

本任务针对初学者介绍了汽车漆面还原护理、抛光及浅划痕处理的工作流程和美容工具的正确使用方法，使初学者尽快掌握汽车美容的基本知识及技能。

相关知识

一、汽车漆面还原护理的作用

汽车漆面护理通常叫作汽车漆面还原护理，是在汽车漆面氧化护理后，进行汽车漆面划痕氧化层去除处理、汽车漆面旋纹去除处理、汽车漆面还原新车本色处理、汽车漆面镜面处理、全车打蜡等，使汽车漆面产生新的漆膜，恢复亮丽本色。

二、汽车漆面还原护理的工作流程

（1）汽车漆面还原护理的前期准备工作。

（2）汽车漆面划痕氧化层去除处理。

（3）汽车漆面旋纹去除处理。

（4）汽车漆面还原新车本色处理。

（5）汽车漆面镜面处理。

（6）全车打蜡。

（7）检查收工。

（8）竣工验收检查。

三、汽车漆面还原护理的设备和用品

1．抛光机

抛光机也称为研磨机，常常用作机械式研磨、抛光及打蜡等。其工作原理是：电动机带动安装在抛光机上的抛光盘高速旋转，抛光盘配合抛光剂在汽车漆面上擦拭产生静电，同时由于静电的作用会吸收孔洞中的污物，抛光盘将汽车漆面微观氧化，并将细小的划痕拉平，再将抛光盘的一部分抛光，与汽车漆面重新结合，使其还原，从而达到去除汽车漆面污染、氧化层、浅痕的目的。抛光盘的转速一般在 1 500～3 000 r/min，多为无级变速，施工时可根据需要随时调整。

2．抛光机的类型

抛光机分为卧式抛光机（如图 4-1 所示）和立式抛光机（如图 4-2 所示）。卧式抛光机一般为高转速的，较难操作，但施工后的效果较好；立式抛光机一般为低转速的，转

速慢，较容易操作。

图 4-1 卧式抛光机

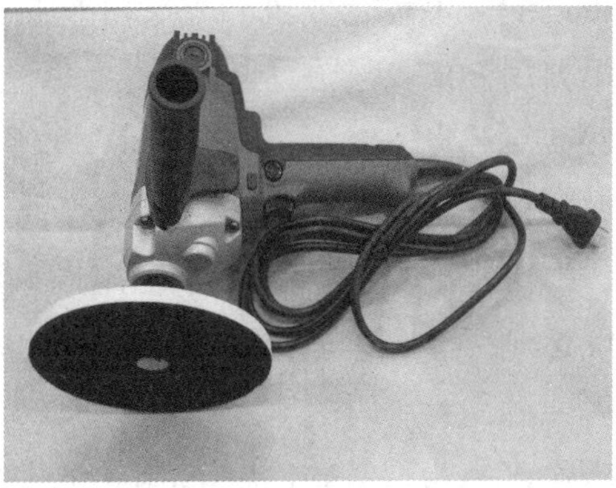

图 4-2 立式抛光机

3. 抛光盘

抛光盘按照材料的不同可以分为羊毛抛光盘、海绵抛光盘和兔毛抛光盘三种。

（1）羊毛抛光盘。

羊毛抛光盘是一种传统式切割材料，研磨能力强、功效大，研磨后会留下旋纹。羊毛抛光盘一般用于普通漆的研磨和抛光，但是用于透明漆时要谨慎。羊毛抛光盘一般分为白色羊毛抛光盘（如图 4-3 所示）和黄色羊毛抛光盘（如图 4-4 所示）两种，白色羊毛抛光盘切削力强，能去除汽车漆面严重的瑕疵，配合较粗的蜡打磨，能快速去除橘皮或修饰研磨痕；黄色羊毛抛光盘切削力较白色羊毛抛光盘弱，一般配合细蜡来抛光汽车漆面，能去除汽车漆面粗蜡抛光痕及轻微擦伤痕。

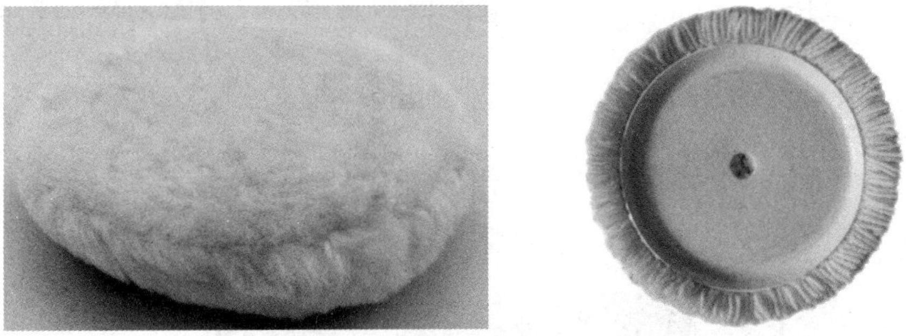

图 4-3 白色羊毛抛光盘

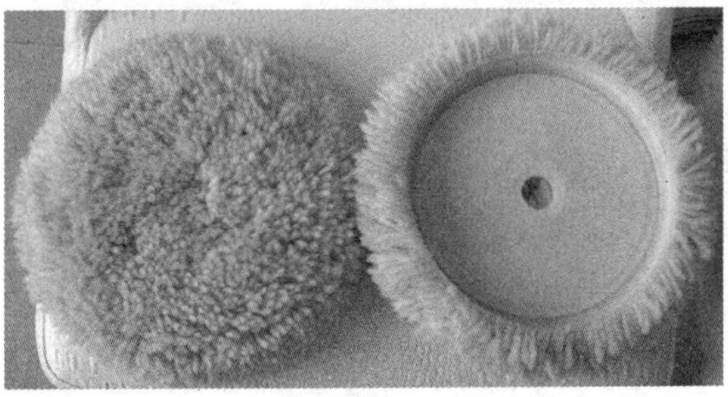

图 4-4 黄色羊毛抛光盘

作业时如果羊毛盘套被堵塞，应拆下，安装一个干净的羊毛盘套，继续进行打磨。同时使用过的羊毛盘套要进行干燥，干燥后，用梳毛刷冲洗干净。注意冲洗时必须使用温水，千万不要用 80℃以上的水、强碱性去垢剂或溶剂等冲洗。

（2）海绵抛光盘。

海绵抛光盘切削力较羊毛抛光盘弱，不会留下旋纹，能有效去除汽车漆面中度划伤的瑕疵。海绵抛光盘一般用于羊毛抛光盘后的抛光研磨。建议海绵抛光盘的转速为 1 500～2 500 r/min，不要超过 3 000 r/min。

海绵抛光盘（如图 4-5 所示）按照颜色一般可分为以下三种。黄色海绵抛光盘（粗盘）：一般当作研磨盘，质硬，用于消除汽车漆面氧化膜或划痕；白色海绵抛光盘（中细盘）：一般当作抛光盘，质软、细腻，用于消除汽车漆面发丝划痕或抛光；黑色海绵抛光盘（还原抛光盘）：一般当作还原盘，质软、柔和，适合车身为透明漆的抛光和普通漆的还原。

黄色

白色

黑色

图 4-5 海绵抛光盘

海绵抛光盘按照形状的不同可分为以下三种。直切型海绵抛光盘：速度快、热能大、灵活；平切型海绵抛光盘：面积大、散热好、比较平稳；波纹型海绵抛光盘：工作液不易飞溅。

（3）兔毛抛光盘。

兔毛抛光盘（如图 4-6 所示）切削力介于羊毛抛光盘和海绵抛光盘之间，可用于车身为普通漆或透明漆的抛光。建议兔毛抛光盘的转速为 1 500～2 500 r/min。

图 4-6 兔毛抛光盘

4. 抛光剂

（1）划痕抛光剂。

划痕抛光剂是乳状、呈奶油色、具有甜樱桃香型、不含蜡和硅的抛光剂，如图 4-7 所示，可去除 1 000～2 000 号砂纸或研磨时留下的痕迹及中度的氧化、网纹、污点、水点等，有利于汽车漆面的光泽和保护。划痕抛光剂的水解成分便于清洗，机械、手工均可操作，适用于各种车漆。

图 4-7 划痕抛光剂

（2）研磨剂。

研磨剂是乳状、油基混合、不含蜡和硅的研磨剂，如图 4-8 所示，可去除 800～1000 号砂纸或研磨时留下的痕迹及重度的氧化等。研磨剂的水解成分便于清洗，适用于机械操作。

图 4-8 研磨剂

（3）网纹去除釉。

网纹去除釉如图 4-9 所示。网纹去除釉是具有汽车漆面高光泽、保持时间长久、增加色彩、类似玻璃镜面效果的用品，既能有效地去除 1 500～2 000 号砂纸或研磨时留下的痕迹，又能快速有效地去除汽车漆面网纹、细微划痕及氧化层等。

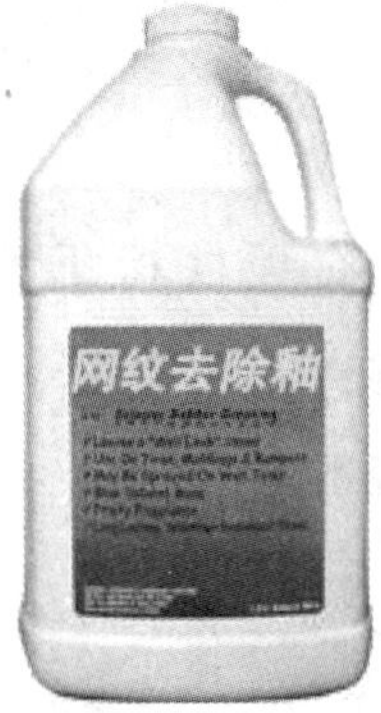

图 4-9 网纹去除釉

（4）增艳保护釉。

增艳保护釉（如图 4-10 所示）含有氨基酸的功能性，包含有机硅和巴西棕榈蜡等成分，可以起到密封汽车漆面，增加汽车漆面色彩、透明度的效果，可以清除汽车漆面细微划痕、氧化层、网纹等，是黑色、红色、蓝色等汽车漆面的理想用品，并可使完成施工的汽车漆面保持时间更长久。

图 4-10 增艳保护釉

（5）光泽釉。

光泽釉（如图 4-11 所示）呈奶油状，可快速地去除汽车漆面细微划痕、氧化层等，其含有的天然油脂可恢复汽车漆面的光泽和色彩，其含有的高聚物可对汽车漆面进行持久保护。

图 4-11 光泽釉

（6）高聚合物二代密封剂。

高聚合物二代密封剂（如图 4-12 所示）是高质量的汽车漆面密封剂，可以让汽车漆面呈现出持久、高光泽的效果。其含有氨基酸功能的聚合物可有效抵抗紫外线、盐腐性、空气氧化、雪水、冰雨、昆虫、粗糙清洗剂和环境污染等带来的汽车漆面过度褪色、变色、氧化等。

图 4-12　高聚合物二代密封剂

四、汽车漆面抛光的工作流程

（1）洗车。去除铁粉与杂质等。

（2）检查全部漆面。确认汽车漆面上划痕、氧化层、酸雨瘢痕、尘点、橘皮等损伤破坏的程度。

（3）对需要进行汽车漆面处理的区域周围做遮蔽处理。

（4）研磨。使用研磨剂来解决汽车漆面氧化层、条纹、污染、褪色等影响汽车漆面外观的深层问题。

（5）抛光。抛光是研磨后的一道工序，和研磨的作用不同。研磨是把汽车漆面打平，去除条纹、氧化层等深层污染；抛光是研磨后进一步平整汽车漆面，去除研磨残余条纹，抛光剂中的滋润成分深入汽车漆面，使汽车漆面展现柔和的自身光泽。抛光剂也可以单独使用，去除轻微氧化和污垢等。

五、汽车漆面浅划痕处理

1．汽车漆面浅划痕的类型

汽车漆面浅划痕按照损伤的程度分为很多种情况，主要分为以下两大类。

（1）伤到了底漆的划痕，这类伤害是必须要做喷漆的。

（2）没有伤到底漆的划痕，这类伤害一般情况下做一个抛光就可以处理。

第一类必须送去汽车修理厂做喷漆处理才能恢复原状。第二类轻度以下的做抛光处理就可以恢复原状；中度以上则需要使用 1 000 号以上的细砂纸打磨，然后做抛光处理才能恢复原状。

2. 细微发丝划痕

汽车在高速行驶过程中，即使是空气中的烟尘沙土，都可能给汽车漆面造成细微的发丝划痕。逆着光就可以观察到汽车漆面上有丝丝缕缕的细丝，但是一般情况下用手摸不出来，这样的发丝划痕可以使用镜面抛光蜡进行抛光去除。由于其中的研磨剂细致到了纳米级别，因此不会伤害到车漆原有的保护层。

3. 轻度划伤

划痕很浅，漆面表层受伤，用手几乎感觉不到凹凸感，在汽车漆面上留下一道明显的伤痕，这种情况属于轻度划伤，如图 4-13 所示，图中的伤痕非常浅，只是伤害了汽车漆面的透明层。轻度划伤处理的方法：先使用粗蜡抛光，然后使用细蜡抛光就可以恢复原状。其原理是重新排列了汽车表层漆的分子，将边上的表层漆挪动过来修复了伤口。

图 4-13 轻度划伤

4. 中度划伤

划痕较浅，用手感觉有凹凸感，汽车漆面损伤未变形，没有露出底漆，这种情况属于中度划伤。中度划伤处理的方法如下。

（1）使用 1 000 号以上的细砂纸采用水磨的方法打磨损伤处。

（2）使用粗蜡配合抛光机进行抛光，然后使用细蜡配合抛光机进行抛光就可以恢复原状。

任务实施

汽车漆面还原护理

1. 清洗车身表面

按照车身表面清洗的流程清洗全车。

2. 贴护保护

在塑料、远光灯、电镀件等零部件的周边粘贴美纹纸，风挡玻璃则使用大毛巾遮挡，如图 4-14 所示（凡是与汽车漆面连接的地方都需要封边）。

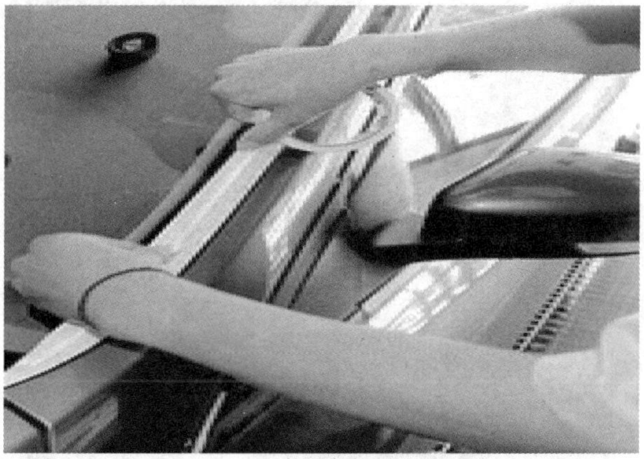

图 4-14 粘贴美纹纸

3. 汽车漆面划痕氧化层去除处理

使用划痕修复剂和黄色海绵抛光盘去除汽车漆面划痕氧化层，如图 4-15 所示。

图 4-15 汽车漆面划痕氧化层去除处理

4. 汽车漆面旋纹去除处理

使用划痕抛光剂、抛光机、黄色海绵抛光盘等去除汽车漆面旋纹，如图 4-16 所示。

先使用黄色海绵抛光盘对全车进行初步抛光，再使用白色海绵抛光盘进行修复。抛光盘的转速一般在 1 500 r/min 左右。

5. 汽车漆面还原新车本色处理

使用黑色海绵抛光盘配合增艳保护釉对汽车漆面进行还原处理，如图 4-17 所示。抛光盘的转速一般为 800～1 000 r/min。

图 4-16 汽车漆面旋纹去除处理

图 4-17 汽车漆面还原新车本色处理

6. 清洁汽车漆面遗留物

使用抛光机配合黑色海绵抛光盘加水蜡，清洁汽车漆面遗留物，如图 4-18 所示。

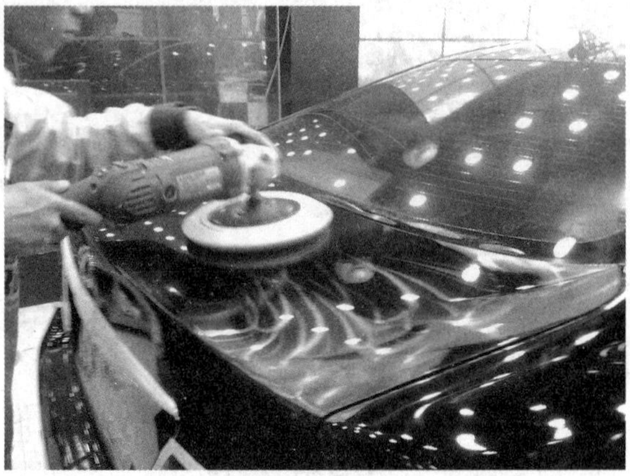

图 4-18 清洁汽车漆面遗留物

7. 汽车漆面镜面处理

收蜡完毕后，汽车漆面已经出现镜面效果，为保持镜面的持久需要打蜡处理，如图 4-19 所示。

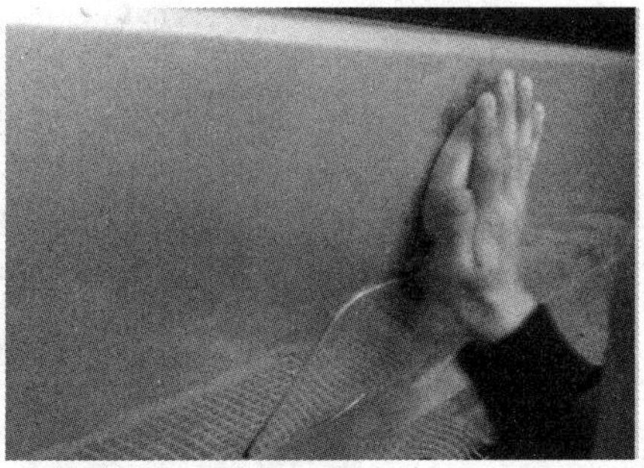

图 4-19 汽车漆面镜面处理

8. 二次清洁汽车漆面遗留物

使用毛巾擦拭车身，二次清洁汽车漆面遗留物，如图 4-20 所示。

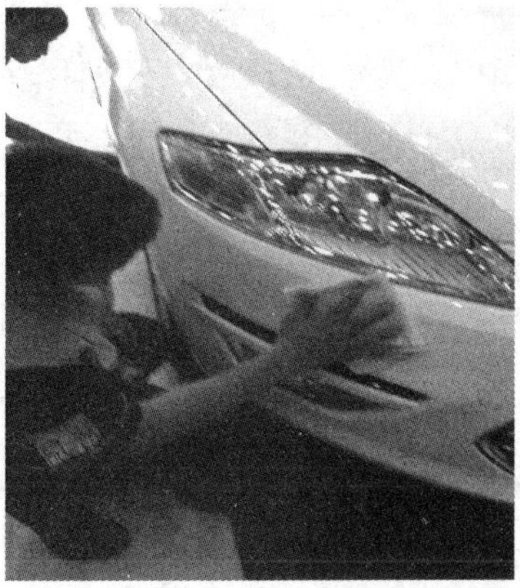

图 4-20 二次清洁汽车漆面遗留物

9. 汽车漆面全面检查

使用手电筒照射汽车漆面，仔细查看汽车漆面有无明显的划痕、炫纹、网纹等，如图 4-21 所示。

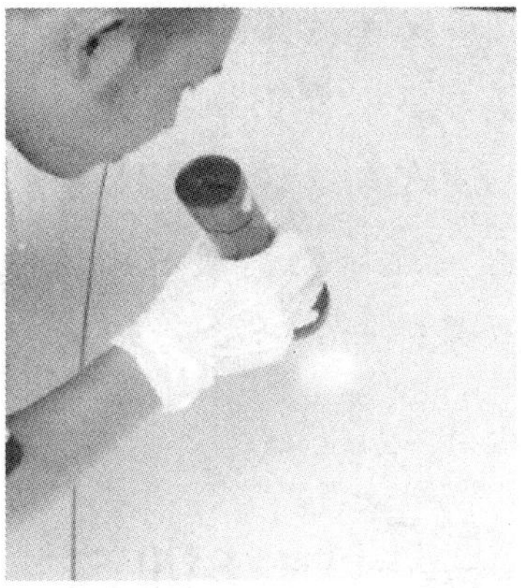

图 4-21 汽车漆面全面检查

10. 整理工具，现场“7S”管理

清洁场地，整理工具并放在规定位置，如图 4-22 所示。

图 4-22 整理工具

素养与思政

本任务要求分组训练，各小组必须按照规范的操作方式进行汽车漆面还原护理、抛光及浅划痕处理，力求对专业技能做到精益求精，弘扬大国工匠精神。各小组在实训过程中必须团结一致、相互合作学习，操作过程中注意安全，要求全程实现“7S”管理。

【拓展知识】

在抛光过程中有可能会遇到一些较深的划痕，使用最粗的研磨盘加上最粗的研磨剂也无法修复的时候，可以通过使用研磨砂纸进行初步修复。研磨砂纸一般只能使用 2 000~3 000 密度的美容专业砂纸。

【趣味知识】夏日汽车防晒 6 招

（1）汽车漆面封釉、镀晶。汽车漆面封釉、镀晶就好比给汽车漆面擦上一层“防晒霜”，因为它们本身就是一种内含紫外线反射剂的高分子机构漆面护理剂和含有特殊成分的固化剂。给汽车漆面做封釉、镀晶，可以通过对汽车漆面的渗透从而达到耐高温的效果。

（2）汽车漆面打蜡。给汽车漆面打蜡，能在一定效果上防晒。

（3）使用汽车防晒专用套。汽车防晒专用套就好比给汽车穿上一件“防晒衣”，使用起来可能会比较麻烦，也没有那么美观，但是防晒效果相当不错。

（4）最好将汽车停放在车库。没有车库就尽量挑选有遮蔽的地方，尽量减少热量辐射。

（5）停车时，车内放置遮阳挡。遮阳挡的成本比较低，也能在一定程度上降低车内温度，更能有效地防止仪表板被太阳暴晒后产生老化情况。

（6）在车内配置凉垫。

技能训练

在实训车间完成以下工作。

1．按照规范的流程进行汽车漆面还原护理、抛光及浅划痕处理。

2．小组成员相互合作，按照规范的流程操作，注意安全，全程要求按照“7S”管理标准操作。

任务2 汽车漆面打蜡、封釉、镀膜与镀晶

知识目标

1．了解汽车漆面打蜡、封釉、镀膜与镀晶使用设备和用品的类型及作用。

2．了解汽车漆面打蜡、封釉、镀膜与镀晶的作用。

3．掌握汽车漆面打蜡、封釉、镀膜与镀晶的操作规程。

能力目标

能正确选择设备和用品对汽车漆面进行打蜡、封釉、镀膜与镀晶处理。

思政目标

1．通过汽车漆面打蜡、封釉、镀膜与镀晶规范的操作流程，培养学生对汽车漆面打蜡、封釉、镀膜与镀晶工艺精益求精的工匠精神。

2．通过学生小组合作学习，培养学生爱岗敬业、团结互助的价值观。

3．通过对蜡、釉、膜等用品的性价比进行比较，引导学生使用国产品牌，培养学生的爱国主义情怀。

任务引入

刘先生开车带着家人和朋友去海边旅游，在服务区休息时，看见旁边停放了一辆非常靓丽的汽车，刘先生问车主做了什么项目的美容，汽车看上去非常新，车主告诉刘先生他的汽车前段时间刚做了汽车漆面镀膜，因此刘先生决定开车去汽车美容店做一个全面的清洁护理。

本项目针对初学者介绍了汽车漆面打蜡、封釉、镀膜与镀晶中常用工具的类型和各种工具的正确使用方法，使初学者尽快掌握汽车美容的基本知识及技能。

相关知识

一、汽车漆面打蜡的作用

汽车漆面打蜡是汽车美容的传统项目。使用打蜡海绵蘸取车蜡在汽车漆面上研磨，形成约 2 μm 的蜡层，这是一层隐形保护膜，可以有效地隔断汽车漆面与空气、尘埃的摩擦，具有防水、防酸雨、抗高温、防紫外线、防静电和防尘等功效，使汽车外观亮丽如新，显得更加美观。

二、汽车漆面打蜡的设备和用品

1. 车蜡

车蜡的主要成分是聚乙烯乳液或硅酮类高分子化合物，并含有油脂成分。但由于车蜡中包含的添加成分不同，使其在物质形态及性能上有所区别，进而划分为不同的类型。了解了不同车蜡的特性，应根据汽车的具体使用情况及个人的喜好选择适当的车蜡。

车蜡的类型一般分为天然棕榈车蜡和合成车蜡。固态车蜡是较常用的品种。新车漆面打蜡使用没有研磨剂的天然棕榈蜡，旧车漆面打蜡需要深度清洁后再打蜡。从蜡的功能的不同可将车蜡分为去污蜡、防水蜡、防高温蜡、防静电蜡、防紫外线蜡、防酸防腐型蜡、冰晶蜡、上光蜡和抛光研磨蜡等。

本书介绍了以下 5 种车蜡。

（1）黄蜡如图 4-23 所示，含 100%巴西棕榈，具有极好的光亮效果。

（2）樱桃蜡如图 4-24 所示，含巴西棕榈和天然油脂，具有极好的光泽效果，独特的阳离子成分使其具有超强的防水、抗静电等功能，保持时间可达 6 个月。

图 4-23 黄蜡

图 4-24 樱桃蜡

（3）去污蜡如图 4-25 所示，适用于不同的汽车漆面，能迅速并简单地去除汽车漆面上的各种污渍，恢复汽车漆面原有色彩，同时形成一层坚固亮丽的蜡层，使汽车漆面具有长久上光和保护的作用。去污蜡可以安全去除污点而不损坏表面涂层，快速去除汽车保险杠、车窗和车架上的各种污垢，恢复其表层的光彩而不会留下新的隐患，如以下污垢尤为明显：虫胶、焦油、柏油、顽固污渍、树胶、油污、压敏胶黏剂、沥青、尘垢、灰尘等。实践经验证明，去污蜡使用在白色的汽车漆面上有较好的效果，使用在其他颜色的汽车漆面上会使汽车漆面泛白。

（4）去划痕蜡如图 4-26 所示，适用于所有汽车漆面，能迅速去除汽车漆面的细微划痕，有效治理汽车漆面发黑、泛白、褪色等氧化现象，恢复汽车漆面原有色彩，同时保证汽车漆面的传统光泽。

（5）冰晶蜡如图 4-27 所示，含高分子密封剂，可有效防止酸雨等污染物对汽车漆面的侵蚀和紫外线的氧化，并能防止发丝和涡状的划痕，具有极限水晶光泽，可以在面漆层形成光泽度极高、驱水力超强的树脂保护层。

图 4-25　去污蜡

图 4-26　去划痕蜡

图 4-27　冰晶蜡

2. 车蜡的作用

（1）防水作用。

当水滴留存在汽车漆面，在强烈阳光的照射下，每个小水滴就是一个凸透镜，在它的聚焦作用下，焦点处温度达 800℃～1 000℃，会造成汽车漆面暗斑，极大地影响了汽车漆面的质量及使用寿命。车蜡能使汽车漆面上的水滴附着率减小 60%～90%，最大限度地减少水滴因强烈阳光照射时的聚焦作用而造成的汽车漆面灼伤，并有效地防止水痕纹的形成。

（2）抗高温作用。

车蜡的抗高温作用原理是对来自不同方向的入射光产生有效反射，防止入射光使汽车面漆或底漆老化变色。

（3）防静电作用。

车蜡的防静电作用原理是隔断尘埃与车身表面金属的摩擦。由于涂覆蜡层的厚度及车蜡本身的附着能力不同，因此它的防静电作用有一定的差别，一般防静电蜡在阻断尘埃与汽车漆面摩擦能力的方面优于普通车蜡。

（4）防紫外线作用。

其实，车蜡的防紫外线作用与车蜡的抗高温作用是并行的，只不过在日光中，由于紫外线的特性决定了紫外光较易于折射进入汽车漆面，因此防紫外线蜡充分地使用了紫外线的特性，使其对汽车漆面的侵害得以最大限度地降低。

（5）上光作用。

上光是车蜡最基本的作用，经过打蜡的汽车，都能改善其表面的光亮程度，使汽车漆面恢复亮丽本色。

（6）研磨抛光作用。

当汽车漆面出现浅划痕时，可以使用研磨抛光蜡。

3. 车蜡的选择

市场上的车蜡类型繁多，既有固体和液体之分，又有高档和中档之别，还有国产和进口之选择。由于各种车蜡的性能不同，其作用效果也不一样，因此在选用时必须要慎重，选择不当不仅不能保护车体，反而使汽车漆面变色。

一般情况下，应根据车蜡的作用特点、汽车的新旧程度、车漆颜色及行驶环境等因素综合考虑。新车宜选用彩涂上光蜡，以保护车体的光泽和颜色；夏天宜选用防紫外线蜡；行驶环境较差时宜选用保护作用突出的树酯蜡。普通汽车选用普通的珍珠色或金属漆系列车蜡即可，高档汽车则选用高档的车蜡，否则对车体有损害。当然，选用车蜡时还必须考虑是否与车漆颜色相适应，一般深色车漆选用黑色、红色、绿色系列的车蜡，浅色车漆选用银色、白色、珍珠色系列的车蜡。

【拓展知识】

打蜡误区 1：车蜡并非越贵越好。

打蜡有益于汽车的维护和保养，各种车蜡的性能不同，其作用与效果也不一样，价格更是不一样，一般应根据车蜡的作用特点、汽车的新旧程度、车漆颜色及行驶环境等因素综合考虑来选择车蜡，不是越贵越好。

打蜡误区 2：打蜡并非越频繁越好。

打蜡是一种保护汽车漆面的美容项目，因此很多车主认为经常打蜡，汽车就不怕酸雨和大雪的侵蚀了，同时也能让汽车漆面光彩夺目。殊不知频繁打蜡会给汽车漆面带来很大伤害。因为有的车蜡中含有碱性物质，长时间使用会使汽车漆面变乌，所以建议常在车库停放的汽车，每两个月打一次蜡即可。

打蜡误区 3：打蜡并非不需要技巧。

打蜡前必须将汽车漆面清洗干净，同时将汽车漆面的残留水珠擦干，否则车蜡不能很好地附着在汽车漆面上。打蜡时应将汽车置于阴凉处，保证车体不会发热。因为随着温度的升高，车蜡的附着性变差，会影响打蜡效果。

4．打蜡海绵和打蜡软毛巾

（1）打蜡海绵。

打蜡海绵专门为汽车漆面打蜡设计，如图 4-28 所示，具有耐油、耐水、耐磨、耐腐蚀、耐高温、拉伸性特别强、弹性好等特殊性能，而且产品密度高、泡孔均匀、光泽度高、与织物复合黏结率强等，适用于手工打蜡。

（2）打蜡软毛巾。

打蜡软毛巾采用超柔纤维洗车毛巾，如图 4-29 所示，超柔纤维洗车毛巾采用纳米技术制造。打蜡软毛巾适合擦拭各种汽车漆面、人体、宠物、家具、真皮、橡胶、电器等，也适合擦拭汽车内饰、仪表板等。打蜡软毛巾的特点是不划伤被擦物，不掉毛屑；打蜡效果好；吸水性好；去污能力强，擦拭机油类污物后，表面不留痕迹。

图 4-28　打蜡海绵

图 4-29　打蜡软毛巾

三、汽车漆面打蜡的方法

目前，汽车美容与装饰企业采用的汽车漆面打蜡的方法和车蜡的类型各有不同。主要的汽车漆面打蜡的方法有两种，一种是手工打蜡，它的优点是工艺简单、速度快、技能要求不高，缺点是蜡层不均匀、不能持久；另一种是机器打蜡，它的优点是打出来的蜡层均匀、效果持久，缺点是时间久、工艺要求较高。

1．手工打蜡

常用的手工打蜡是在完成洗车和干车项目后，根据汽车漆面情况选择合适的车蜡，车蜡如图 4-30 所示，并按照所选定的车蜡类型的工序要求进行的打蜡护理，手工打蜡如图 4-31 所示。

图 4-30　车蜡

图 4-31　手工打蜡

2．机器打蜡

机器打蜡如图 4-32 所示，是使用专用的打蜡机和液体蜡在汽车漆面上研磨打蜡，手法和手工打蜡的井字手法一样，但是前期的工艺多了一道封边工序，即车漆上与漆面连接的所有塑料零部件。

图 4-32　机器打蜡

四、汽车漆面打蜡的操作规程

汽车漆面打蜡的操作规程是指在车蜡选定后，根据选定的车蜡产品和使用方法进行打蜡操作。

一般的汽车漆面打蜡的操作规程如下。

（1）在打蜡海绵上涂抹适量的车蜡，如图 4-33 所示。使用打蜡海绵将车蜡涂抹在汽车漆面上，如图 4-34 所示。

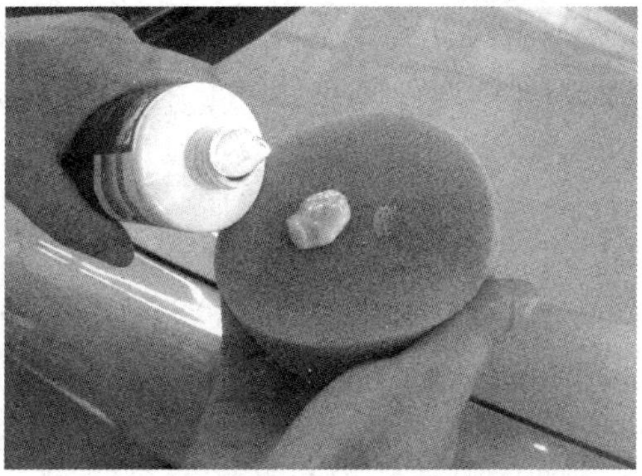

图 4-33　在打蜡海绵上涂抹适量的车蜡

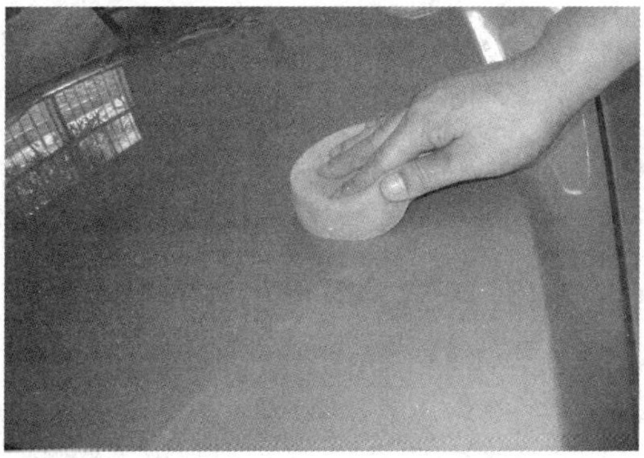

图 4-34　在汽车漆面上涂抹车蜡

（2）采用相应的研磨手法（如手工打蜡手法有螺旋手法和井字手法），在汽车漆面上研磨打蜡，每道涂抹应与上道涂抹区域有 1/5～4/5 的重合度，防止漏涂。打蜡时的运动路线如图 4-35 所示。井字手法是手工打蜡常用的一种手法，不仅能打得均匀，速度还快。

全车使用井字手法均匀地涂抹上专业的车蜡，根据车蜡的性能先在汽车漆面局部打蜡，然后用毛巾擦拭均匀，依次完成整个汽车漆面打蜡作业；或是打完全车漆面的蜡后再擦。

螺旋手法的好处是采用研磨的手法，能充分地使蜡附着在汽车漆面上，但是也容易使汽车漆面出现炫纹。

（3）涂蜡后，自然晾干 5～10 分钟，使用专业的擦蜡毛巾擦拭抛光，如图 4-36 所示。

（4）最后使用干毛巾清除车身缝隙处残留下的车蜡。

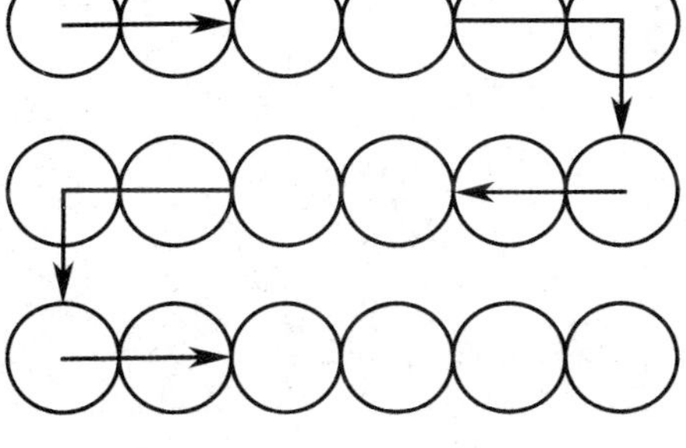

图 4-35　打蜡时的运动路线

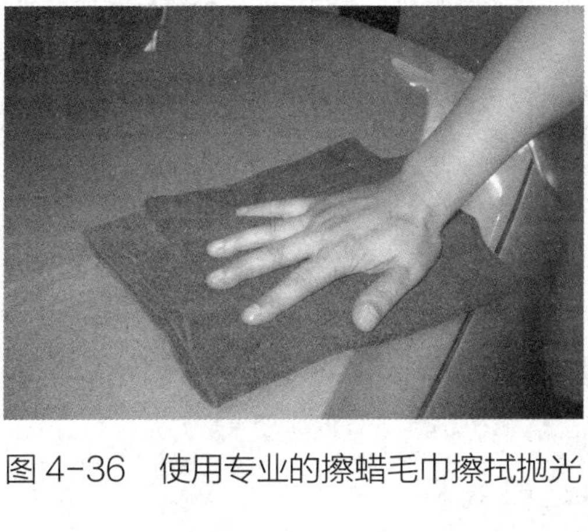

图 4-36　使用专业的擦蜡毛巾擦拭抛光

五、汽车漆面封釉的作用

汽车漆面封釉的釉是高分子聚合物和特殊溶剂组成的车漆密封上光剂，能渗入车漆毛细孔，和车漆中的分子融合成一层持久的如同陶瓷釉层的光亮保护层，既能阻隔紫外线对烤漆的伤害，又能保护汽车漆面不受沙尘、盐分、空气中工业污染物、酸雨、清洗剂、鸟粪等有害物的侵蚀，使汽车漆面呈现完美的晶亮光泽。

汽车漆面封釉又称为镜面釉镀膜，它是通过专用的振抛机将类似釉的保护剂压入车漆内部，形成网状的牢固保护层，即经过多道工序处理后，在汽车漆面形成一层坚韧且有一定厚度的光亮保护膜。这层保护膜具有耐清洗、防酸雨、抗氧化、防紫外线、抗高温等作用，并且具有抵御硬物轻度刮伤、不怕火、不怕油污、耐酸碱、让汽车漆面持久光亮如新等功能。

新车进行封釉可以延长汽车漆面的使用寿命，减缓汽车漆面褪色；旧车进行封釉可以使氧化褪色的汽车漆面还原增艳，具有翻新的效果。封釉使用的护理用品为超豪华纯釉。

经过封釉处理后的汽车，可达到如下效果。

（1）光亮程度可达镜面光泽的95%以上，晶莹丝滑，光彩照人。

（2）釉质渗透汽车漆面，硬质的透明保护层可防止行车时的风沙天气、泥沙飞溅等因素对汽车漆面的损害，抗老化、防氧化、防静电，不易粘尘。

（3）抗紫外线，可过滤紫外线97%以上。

（4）抗盐分、酸雨等腐蚀。

（5）具有持久性，其高光泽度、亮丽度可保持长达一年左右。

（6）绿色环保，对人体无害。

六、汽车漆面封釉所使用的产品及设备

（一）封釉产品

封釉所使用的产品和汽车漆面还原护理所使用的产品相同，在此不再赘述。常用的封釉产品如下。

1. 晶亮釉

晶亮釉具有耐酸、抗高温、抗氧化、抗划痕和抗紫外线等特点，使用后可以使汽车漆面呈现高光泽度，晶亮持久且安全环保，适用于各种颜色的汽车漆面，如图4-37所示。

图 4-37　晶亮釉

晶亮釉的使用方法如下。

（1）使用前先将晶亮釉摇匀。

（2）画圈涂抹至消失。

（3）10 分钟后涂抹第二遍。

（4）10 小时后固化。

晶亮釉的注意事项如下。

（1）在通风良好的场所使用，请勿在室内及空气不畅通处使用，避免吸入晶亮釉挥发出来的气体。

（2）防止晶亮釉溅入眼睛。

（3）不使用时请盖紧瓶盖。

（4）避免让小孩子接触。

（5）用手接触后要用清洁剂冲洗。

2. 美光漆面封釉剂

美光漆面封釉剂采用油漆密封胶技术，主要的功能是保护原厂漆和具有超强的驱水性，如图 4-38 所示。

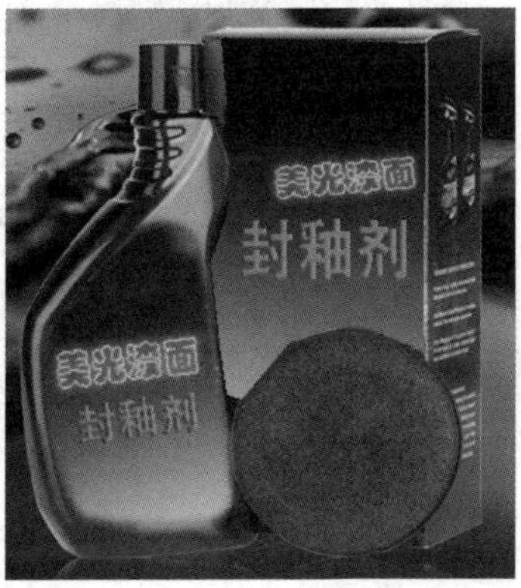

图 4-38　美光漆面封釉剂

美光漆面封釉剂的产品特点如下。

（1）美光漆面封釉剂的疏水聚合物技术能够阻止水珠附着，保护汽车漆面不受氧化侵蚀，防止紫外线伤害及汽车漆面老化。

（2）水珠挺立不坍塌，自然滚落，数次清洗亦能突显此番效果。

（3）适合新车、旧车，不含研磨剂，而且任何车漆颜色都能使用。

（二）封釉设备

1. 封釉机

封釉机具有前后双手柄、电子恒定功率自锁式调速开关、软启动的保护等装置的设备，其内部的偏心器产生振动，通过振动将釉的保护剂压入车漆内部，形成网状的牢固保护层，如图 4-39 所示。

图 4-39　封釉机

2. 抛光盘

（1）羊毛抛光盘如图 4-40 所示。配合专业研磨机或抛光机，将羊毛抛光盘对称地安装于研磨机或抛光机上，中高转速，用于汽车漆面研磨、抛光。

（2）凹边抛光盘如图 4-41 所示。配合专业研磨机或抛光机，将凹边抛光盘对称地安装于研磨机或抛光机上，中高转速，用于汽车漆面研磨、抛光。

图 4-40　羊毛抛光盘

图 4-41　凹边抛光盘

3. 专用毛巾

专用毛巾采用纳米技术制造，如图 4-42 所示，适合擦拭各种汽车漆面、人体、宠物、家具、真皮、橡胶、电器等，也适合擦拭汽车内饰、仪表板等。其特点是不划伤被擦物，不掉毛屑；打蜡效果好；吸水性好，吸水量大；具有很强的静电吸引能力；去污能力强，擦拭机油类污物后，表面不留痕迹。

图 4-42 专用毛巾

七、汽车漆面封釉的操作规程

根据汽车的新旧不同，汽车漆面封釉分别有着严格的施工程序。

对于新车做封釉，首先全车清洗，汽车漆面深度清洁，吹干汽车漆面残余水分，对车身进行遮蔽。然后使用釉配合抛光机做抛光处理，恢复汽车漆面亮丽本色后，再实施封釉。将釉质材料通过海绵涂抹在汽车漆面上，静置 30 分钟后，釉质材料渗透汽车漆面，使用封釉机进行振抛涂釉，使汽车漆面形成硬质的透明保护层，最后擦去多余的釉，清理车身边角和清洗全车。

对于旧车做封釉，首先全车清洗，汽车漆面深度清洁，吹干汽车漆面残余水分，对车身进行遮蔽。然后需要提前进行汽车漆面研磨抛光处理，清除汽车漆面脏点、氧化膜、圈纹、细小划痕等瑕疵后，再实施封釉。将釉质材料通过海绵涂抹在汽车漆面上，如图 4-43 所示，静置 30 分钟后，釉质材料渗透汽车漆面，使用封釉机进行振抛涂釉，使汽车漆面形成硬质的透明保护层，最后擦去多余的釉，清理车身边角和清洗全车。

汽车漆面封釉时，为封釉机配备合适干净的海绵封釉盘，根据封釉剂要求，选择并调整抛光机转速，将适量的封釉剂均匀地涂抹在所需的汽车漆面上，正确启动/停止封釉机，如图 4-44 所示，然后进行正确的封釉操作，如图 4-45 所示。使用封釉机振抛涂釉时注意力度和均匀性。

全车封釉 15 分钟后，使用专用毛巾将全车擦拭一遍，如图 4-46 所示。

图 4-43 釉质材料通过海绵涂抹在汽车漆面上

图 4-44 启动/停止封釉机

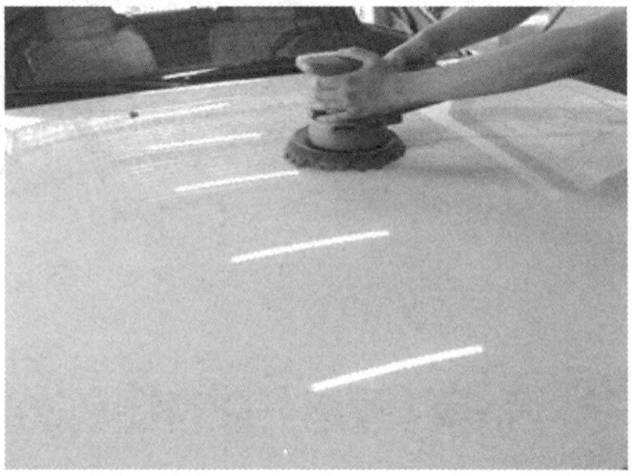

图 4-45 正确的封釉操作

图 4-46 使用专用毛巾将全车擦拭一遍

八、汽车漆面镀膜的作用

汽车漆面镀膜是汽车漆面护理的最高措施，可以避免汽车漆面氧化，使汽车漆面具有增亮、抗酸碱、抗氧化、抗紫外线等多重功效。膜的材料本身是一种无机物，对车漆没有损害。

汽车漆面镀膜是第三代漆面美容工艺，采用玻璃纤维素、硅素聚合物、氟素聚合物和高纯水等非石油环保材料，与车漆的结合更紧密持久，时间更长，持续时间大约半年。

（1）防水作用。

汽车经常暴露在外，免不了风吹雨淋，当水滴留存在汽车漆面，在强烈阳光的照射下会造成汽车漆面暗斑，极大地影响了汽车漆面的质量及使用寿命，另外，水滴容易让车身上的金属部分生锈。

（2）反腐蚀和氧化作用。

镀膜后的汽车漆面具有防酸性、防氧化等作用。

（3）防老化作用。

镀膜后汽车漆面对来自不同方向的入射光产生有效反射，防止入射光使汽车面漆或底漆老化变色。

（4）上光作用。

上光是镀膜最基本的作用，经过镀膜的汽车都能让汽车漆面还原到和新车时一样的颜色，汽车漆面的光泽会长时间保持。

（5）镜面效果作用。

消除汽车漆面的氧化膜、细划痕、水纹斑等瑕疵，使汽车漆面清晰、透明、立体感强、晶亮醒目，甚至可以当作镜子使用。

（6）加强汽车漆面的硬度。

开车的时候经常因为轻微的碰擦使汽车漆面产生划痕，镀膜后汽车漆面的硬度加强，可以最大限度地减少汽车漆面在这方面的损伤。

九、汽车漆面镀膜的操作规程

（1）冲洗汽车。洗去车身表面的灰尘、泥点等。

（2）胶泥精细洗车。去除附着在汽车漆面的树胶、虫胶、鸟粪、漆雾、化学粉尘等用水洗不掉的物质。

（3）抛光前遮蔽。避免伤害塑料、橡胶等材质。

（4）抛光。去除汽车漆面氧化层，处理汽车漆面缺陷。

（5）镜面还原。提高车漆光亮程度，俗称增加汽车漆面的镜面效果。

（6）再次洗车。用清水冲洗掉抛光和做镜面还原时飞起的粉尘。

（7）抛光质检。确认抛光处理后的效果。

（8）第一遍镀膜。自然晾干，干燥后使用专用毛巾将汽车漆面擦干净。

（9）第二遍镀膜。巩固镀膜效果

（10）红外线灯烘烤。让镀膜产品深度渗透，快速干燥（经过烘烤后的镀膜硬度大大增加，还能达到长久保护汽车漆面的效果）。

（11）使用专用毛巾将汽车擦干净，特别要注意细节处理。

（12）6～8 个月后再做一次镀膜，巩固镀膜效果。

十、汽车漆面镀晶的作用

汽车漆面镀晶是在汽车漆面形成一层多种强大保护晶体和紫外线过滤层，可以提高汽车漆面的亮度和硬度，防止划痕和防止紫外线、酸雨、盐、沥青、飞漆、昆虫斑、鸟粪等有害物质的伤害，使汽车漆面长期保持其原有色泽。镀晶的材料构成主要分为三类：聚硅氧烷、聚硅氮烷、无机硅。

汽车漆面镀晶与镀膜、打蜡、封釉的不同之处是：镀晶所使用的材料是二氧化硅无机物，能在施工表面生成与钻石相类似的晶体结构，通过高分子聚合物的作用在施工表面形成一层隔离层，该隔离层具有抗紫外线、抗油、疏水的功能，从而保护汽车漆面。

汽车漆面镀晶是较为尖端的汽车漆面护理，将汽车美容养护理念上升到“保护”层面，其主要的作用如下。

（1）耐划痕。镀晶的钻石晶体的布氏硬度达 6 HB，相比较普通车漆 2 HB 的布氏硬度而言，能防止大多数轻微的划痕，并且自身具有弹性恢复功能，保护汽车免受日常轻微划痕的伤害，使汽车漆面划痕较一般镀膜减少 70%以上。当外力超出钻石晶体弹性保护范围时，一般也只是在钻石晶体上留下划痕，不会损伤汽车漆面。

（2）耐腐蚀。镀晶的钻石晶体超细的纳米晶体层将汽车漆面与外界隔开，能有效防止氧化，还能防止鸟粪、飞虫浆液、酸雨等腐蚀。

（3）不龟裂。镀晶的钻石晶体抗紫外线，抗高温、严寒，耐温范围达-50℃～300℃，适应温度变化范围大，不会产生龟裂、脱落的现象。

（4）易清洗。镀晶的钻石晶体强大的纤维网会填补汽车漆面看不见的细小毛孔，使汽车漆面达到镜面状态，车身易清洗保养。各种灰尘和各类污物仅使用清水（不加任何洗涤剂）冲洗，汽车漆面就可以恢复和保持晶莹透亮，即使沾有油污或虫尸，只需要使用湿毛巾直接擦拭物体表面就可以轻松去除，同时具有超强的疏水自洁功能。

（5）抗静电。镀晶的钻石晶体含有抗静电剂，使汽车漆面不易吸附粉尘。

（6）更光亮。镀晶的钻石晶体具有与钻石类似的晶体结构，增加光的折射，使汽车漆面的亮度更高，汽车漆面晶莹绚丽，光亮度达 95%以上（新车只有 70%左右）。

（7）拨水强。镀晶的钻石晶体的低表面张力与水珠相斥，具有超强的拨水性，不沾水。

（8）时效长。镀晶的钻石晶体的使用寿命长，性能持久稳定，使用时间可长达三年，而一般镀膜的使用时间最长一年。

（9）超保值。镀晶的钻石晶体先进的漆面保护技术不仅可以减少洗车、打蜡的费用，还可以使原车漆得到更好的保护。

任务实施

一、汽车漆面打蜡抛光

1．洗车除尘

汽车漆面打蜡前必须要把汽车冲洗干净，并保持车身清洁和干燥。车身潮湿会导致打蜡时车蜡不均匀，车身有杂物或者灰尘会划伤车漆。

2．汽车漆面打蜡

使用打蜡海绵蘸取车蜡，量不宜多，均匀地涂抹在汽车漆面上，不需要涂抹太厚，薄薄一层即可。打蜡的方式：使用打蜡海绵均匀地在汽车漆面上画圈，以发动机罩→前翼子板→车顶→车门→后翼子板→后备箱的顺序依次打蜡，使车蜡在汽车漆面上呈现出鱼鳞状效果。画圈打蜡如图 4-47 所示。

图 4-47 画圈打蜡

3．自然晾干

汽车漆面打蜡完毕后，须等待 5～10 分钟，使车蜡自然晾干，以车蜡颜色稍微发白，触摸时呈粉状为佳，如图 4-48 所示。

4．手动抛光

准备一条超细纤维擦车毛巾，并折叠成矩形，在汽车漆面上像擦皮鞋一样为汽车漆面抛光，擦除干燥后多余的车蜡，直至汽车漆面光亮如新。手动抛光的顺序请参照汽车漆面打蜡的顺序，如图 4-49 所示。

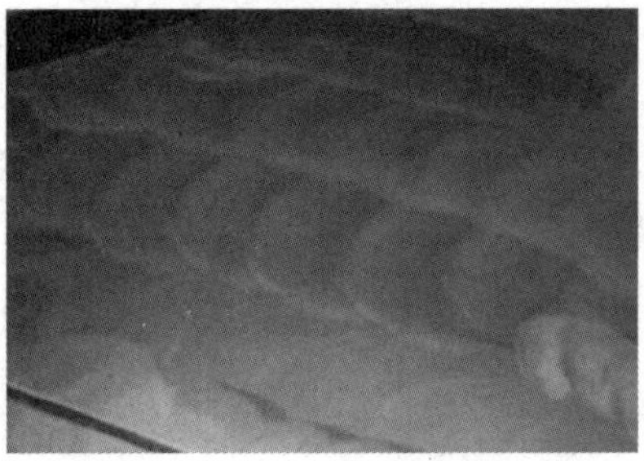

图 4-48　车蜡自然晾干

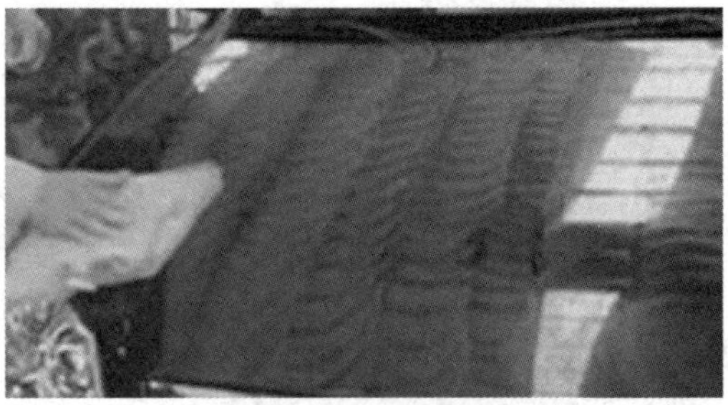

图 4-49　手动抛光

二、汽车漆面镀晶

（1）洗车。按照车身表面清洗的流程把汽车漆面的脏污清洗干净，边缝使用毛刷清洗，如图 4-50 所示。

图 4-50　洗车

（2）使用胶泥配合洗车液，将汽车漆面进一步清理。胶泥能把汽车漆面细微的粉尘吸附掉，使汽车漆面变得光滑。胶泥擦车完成后，把汽车彻底冲洗干净，然后擦干，如图 4-51 所示。

（3）使用精细研磨还原剂、黄色海绵抛光盘等去除汽车漆面细微划痕、圈纹等瑕疵，如图 4-52 所示。

（4）使用镜面还原剂、黑色海绵抛光盘等对全车漆面抛光，还原汽车漆面光泽，优化汽车漆面纹理，完成后再次清洗车身。镜面还原如图 4-53 所示。

（5）将硅晶精华素及硅晶催化素按照 1∶1 的比例倒入混合瓶中，通过摇晃的方式均匀混合。

（6）施工前确认车漆状态，在车身不显眼部位选取 5 cm×5 cm 范围进行试用，以确保使用后汽车漆面无不良反应。

图 4-51　胶泥擦车

图 4-52　去除汽车漆面细微划痕、圈纹等瑕疵

图 4-53　镜面还原

（7）将硅晶混合液喷于专用施工海绵上，整体施工采取分区施工方式，并且单次涂敷施工面积控制在 50 cm×50 cm 范围内，依据 50%的面积均匀覆盖，每遍重叠 50%，并采取纵横向交叉覆盖方式，涂敷完毕后，检查汽车漆面，确保无遗漏，如图 4-54 所示。

（8）涂敷施工完毕后，建议在常温环境下，自然干燥固化 5～10 分钟（依温度和湿度状况不同，时间略有差异，请根据各地情况酌量缩短或延长时间）。

（9）使用超细纤维擦车毛巾进行擦拭，汽车漆面呈现光泽饱满效果即可，如图 4-55 所示。擦拭过程应控制擦拭力度不可太大，以及保持超细纤维擦车毛巾的表面干净，避免不慎擦拭出划痕，影响最终施工效果。

图 4-54　涂敷硅晶混合液

图 4-55　擦拭汽车漆面

（10）汽车施工全部完毕后，24 小时内不要接触水，以免影响最终施工效果。镀晶效果如图 4-56 所示。

图 4-56　镀晶效果

素养与思政

本任务要求分组训练，各小组必须按照规范的操作方式对汽车漆面进行打蜡、封釉、镀膜与镀晶，力求对专业技能做到精益求精，弘扬大国工匠精神。各小组在实训过程中必须团结一致、相互合作学习，操作过程中注意安全，要求全程实现“7S”管理。

技能训练

在实训车间完成以下工作。

1. 按照规范的流程进行汽车漆面打蜡。
2. 按照规范的流程进行汽车漆面封釉。
3. 按照规范的流程进行汽车漆面镀晶。
4. 小组成员相互合作，按照规范的流程操作，注意安全，全程要求按照“7S”管理标准操作。

项目五

汽车装饰保护

项目描述

根据汽车被装饰的部位分类，汽车装饰可分为汽车外部装饰和汽车内部装饰。广义的汽车装饰还包括汽车改装、汽车美容等。

汽车外部装饰主要对汽车顶盖、车窗、车身周围及车轮等部位进行装饰。汽车内部装饰主要对汽车驾驶区和乘客区进行装饰。

通过汽车装饰可以彰显车主的个性及品位。

任务1 汽车外部装饰

知识目标

1. 了解汽车外部装饰的项目及相关产品。
2. 了解车顶及车轮装饰的项目。
3. 掌握车身大包围的安装步骤。
4. 掌握车身保护膜的施工步骤。

能力目标

1. 能正确安装不同车型的车身大包围。
2. 能正确粘贴车身保护膜。

思政目标

1. 通过汽车外部装饰规范的操作流程，培养学生对汽车外部装饰工艺精益求精的工匠精神。

2. 通过学生小组合作学习，培养学生爱岗敬业、团结互助的价值观。

3. 通过对车身大包围、汽车防爆膜等用品的性价比进行比较，引导学生使用国产品牌，培养学生的爱国主义情怀。

任务引入

前段时间，小张买了一辆汽车，为了使外观更加靓丽耀眼，体现他热情奔放的个性，他决定去改装一下，到汽车改装店了解才知道，改装的项目有很多，包括汽车外观、发电机动力等，小张考虑了几天最后决定对汽车的外部进行装饰，如加装车身大包围、粘贴车身装饰彩条等项目。

本任务针对初学者介绍了汽车车身大包围、汽车天线（又称“鲨鱼鳍”）、车轮等装饰件，以及车身改色膜、车身装饰彩条等装饰件，使初学者尽快掌握汽车装饰的基本知识及技能。

相关知识

一、车身大包围装饰

1. 车身大包围的概述

车身下部宽大的裙边装饰件，又称车身大包围。狭义上的车身大包围一般由前包围、侧包围和后包围组成，有些车型还包括轮眉、挡泥板和门饰板等。广义上的车身大包围指的是空气扰流组件，最初只用在赛车上，用于减少气流对运动汽车车身的扰动作用，增加气流对车身的下压力，从而提高汽车行驶时的稳定性。通过车身大包围还可以有效降低油耗，并且使汽车外观看上去更具有观赏性。

车身大包围的材料多为玻璃钢、PU 塑料（合成橡胶）、碳纤维等。随着生活水平的提高，人们对车身大包围的需求也越来越多样化，在保证汽车稳定性的同时不仅要求能改善车身空气动力学性能，还要求整体的包装能使汽车更加时尚、更具个性、更富活力、更加美观、更显气派和动感等。

2. 车身大包围的作用

车身大包围的主要作用可概括为以下两个方面。

（1）提高汽车驾驶操纵性能及经济性能。

衡量车身大包围的性能可以通过检测空气阻力的大小和汽车对地面附着力的大小确定。这两个物理性能可以通过风洞实验完成测试，如图 5-1 所示。风洞指的是通过人工产生所需的气流，以此来模拟汽车行驶过程中的空气流动。

图 5-1　风洞实验

车身大包围能降低汽车在行驶过程中产生的逆向气流，增加汽车对地面的压力，降低汽车重心，提升汽车驾驶的操纵性能，增加汽车行驶的稳定性，从而降低油耗，提高汽车经济性能。加装后尾翼的汽车如图 5-2 所示。

图 5-2　加装后尾翼的汽车

（2）美化外观，凸显个性。

汽车的美观取决于汽车的颜色与整体的外形，低档次的汽车与中高档次的汽车在外形上有着质的差别。车身大包围不仅可以改善和美化汽车外形，还可以满足客户对汽车的个性化审美要求。前包围如图 5-3 所示。也就是说，车身大包围可以在不影响汽车正常驾驶甚至提高汽车驾驶操纵性能的前提下对汽车的整体外观进行适当调整。

安装前　　安装后

图 5-3　前包围

3．车身大包围的特点

随着人们生活水平的提高，如今汽车这种交通工具在满足人们交通需求的同时还必须满足人们对个性张扬、时尚的需求。于是车身大包围装饰件出现了生产批量小、形状多样化、质量轻量化的特点。

（1）形状多样化。

因为人们对时尚个性化的需求日益提高，所以在追求个性的同时车身大包围的类型也在不断增多，单一的车身大包围不能满足多元化人群对汽车外部装饰的需求。车身大包围装饰件的特点是生产批量小、品种齐全、样式繁杂，适合多数车型。于是高端、大气、上档次和低调、奢华、有内涵的车身大包围应运而生。后包围如图 5-4 所示。

安装前　　安装后

图 5-4　后包围

（2）质量轻量化。

车身大包围的制作材料也在不断更新。例如，塑料、玻璃钢、新型碳纤维和铝碳合金等在车身大包围上得到了很好的应用。由于车身大包围采用这种轻量化材质，因此在很大程度上减轻了车身质量，在行驶过程中降低了汽车的油耗。

4．车身大包围的材料

随着技术的发展与材料的应用，车身大包围的材料也多种多样，主要有玻璃钢（玻璃纤维）、ABS 塑料、PU 塑料、合成树脂及碳纤维等车身大包围。

（1）玻璃钢。

玻璃钢的车身大包围制作方便，对生产模具和操作设备要求较低，成本也较低。此类产品价格较低，款式较多，所以成为众多车主的首选。

（2）ABS 塑料。

ABS 塑料的车身大包围是通过真空吸塑成形，制作厚度往往较薄，韧性不是很好，因此一般不用来做泵把款的车身大包围。但是由于其价格较低，所以应用比较广泛。ABS 塑料的车身大包围如图 5-5 所示。

图 5-5　ABS 塑料的车身大包围

（3）PU 塑料。

PU 塑料的车身大包围是在低温下高压注塑成形，所以有着极好的柔韧性与极高的强度，因此大多数汽车的原装保险杠采用此种材料，与车身的密合度很好，使用寿命也较长。PU 塑料的车身大包围如图 5-6 所示。各名牌汽车改装厂必须安装车身大包围的也以它为主要材料，可进行细微的成分和性能调整，且成型性好，车身大包围套件的质量也比较好，但成本高，产品价格较高。

安装前　　安装后

图 5-6　PU 塑料的车身大包围

（4）合成树脂。

合成树脂的车身大包围收缩性小，韧性好，耐热不变形，抗冲击能力好，不易断裂，受温度影响较小，对环境产生的污染也很小。合成树脂的车身大包围一般采用钢模制造，所以制作出的产品表面光滑，目前市场上选用得较多。车门踏板如图 5-7 所示。

图 5-7　车门踏板

（5）碳纤维。

碳纤维作为车身大包围的材料，其最大的优点是质量轻、强度大，质量仅相当于钢材的 20%～30%，硬度却是钢材的 10 倍以上。采用碳纤维的车身大包围使汽车的轻量化取得突破性进展，可以降低汽车的油耗，有效地保护环境，但整体价格较高。碳纤维前铲如图 5-8 所示。

安装前　　安装后

图 5-8　碳纤维前铲

5．车身大包围的安装步骤

（1）安装前包围。

① 对安装前包围的零部件进行清洁、干燥等。

② 准备好经常使用到的安装工具，如手电钻、锤子、旋具、活扳手和钳子等。准备好车身大包围总成的所有零部件。

③ 根据前包围安装位置的要求，贴好防护胶条；在汽车的前端钻好安装孔，同时把孔边周围的毛刺去掉。

④ 从保险杠下部将前包围插入，对准安装孔，从侧面用螺钉紧固。

⑤ 紧固其余螺钉，清洁场地。

（2）安装侧包围。

侧包围分为左、右两部分，侧包围的安装方法与前包围的安装方法相同。

① 清洁安装部位，准备好安装要使用的工具和材料。

② 打开车门，把侧包围零部件置于安装位置，钻好安装孔，用螺钉紧固。

（3）安装后包围。

后包围的安装方法也与前包围的安装方法相同，但在制作时，后包围零部件上的消声器排气口变大了，从而显得更具美感。

二、车身装饰彩条

车身装饰彩条的主要作用是装饰车身表面，使车身更加美观且具有个性。车身装饰彩条如图 5-9 所示。

图 5-9 车身装饰彩条

1. 车身装饰彩条的特点

一般的车身装饰彩条是由汽车制造厂家提出设计制造要求，由相关配套厂家按照设计要求制造后向汽车制造厂家提供的。所以，不同的厂家、不同的车型，各有特定的车身装饰彩条。市场上的车身装饰彩条所选用的材料绝大部分是塑料制品和金属制品，但是以塑料制品居多。

2. 车身装饰彩条的选择与施工

（1）选择车身装饰彩条。

在众多的车身装饰彩条中，应选择适合本车型需求、色彩鲜艳的彩条作为车身装饰彩条。这种选择既是艺术水平和欣赏水平的体现，也是装饰者个性的体现。

（2）装饰前的清洗。

在车身表面需要装饰的部位，使用专用清洗剂进行清洗，去除油污、尘垢等，为车身装饰彩条的施工做好准备，以便保证施工质量。

（3）车身装饰彩条的施工。

将彩条的衬纸撕掉，紧贴在要求的部位上。在粘贴过程中，边贴彩条边用手对彩条进行贴压，排尽彩条与车身表面之间的空气，不允许有气泡，要求贴实、贴牢。

三、车身保护膜装饰

1. 车身保护膜的作用

车身保护膜是一种覆盖在车漆表面的薄膜，它在车漆表面形成一道屏障，有效地防止酸雨、紫外线、砂石、雨雪、树液等外界因素对车漆的伤害。由于车身保护膜具有一定的弹性和柔韧性，因此可以有效地防止钥匙、砂石及不规范洗车中的沙粒等对车漆的伤害，达到保护汽车的目的。

2. 车身保护膜的材质及特点

车身保护膜按照材质可以分为PVC、OPVC、PU、TPU等。

（1）PVC材质。

PVC是一种乙烯基的聚合物质，以PVC为基料的车身保护膜的优点是质感柔软、粘贴方便，缺点是材质厚重、透光性不佳。

（2）OPVC材质。

OPVC是PVC的改良版，解决了先前材质厚重和透光性不佳的问题，各方面参数属性比较适中，价格也很低，是目前广泛使用的一款产品。

（3）PU材质。

PU是聚氨基甲酸酯，简称聚氨酯，其质量优于PVC，在弹性、刚性、密度等物理性能上有很大优势，在防硬物划痕和液体渗透方面都有很大的改进。

（4）TPU材质。

TPU是一种热塑性聚氨酯塑胶，这种材料能在一定热度下变软，而在常温下可以保持不变，因此以TPU为基料的车身保护膜，在汽车贴膜的操作过程中不需要烤枪加温就可以完成贴膜。TPU的耐寒性好（−40℃）、硬度范围广、机械强度高，在车身保护膜行业属于顶级高端产品，广泛应用于高档车型。

3. 车身保护膜的施工步骤

（1）使用专用清洗剂把车身要粘贴的部位清洗干净。

（2）选择合适的尺寸或裁剪出合适尺寸的车身保护膜。

（3）撕掉车身保护膜衬纸，将车身保护膜粘贴在所需粘贴部位。

（4）消除车身保护膜和车漆表面之间的空隙和水分，将车身保护膜牢固地粘贴在车身上。

（5）裁剪多余的部分，使用专用刮刀将边缘压紧。

4. 车身改色膜

车身改色膜是色系丰富、颜色多样的薄膜，以整体覆盖粘贴的方式改变全车或局部外观的服务。车身改色膜主要通过高分子聚合材料贴附于车身表面，易揭除。

目前，市面上主流的车身改色膜产品包括汽车电镀膜、珠光膜、亮光膜、亚光膜、彩绘膜、皮纹膜、拉丝膜、电光金属膜、亚光金属膜（简称亚光冰膜）等。

1）车身改色膜的特点

（1）全车贴覆、持久耐用。

车身改色膜使用超强的产品品质和施工技术，可以实现全车车面整体贴覆，无须拼接、接缝就可以完美展现车身流线型。车身改色膜采用纳米级生产工艺，具有极强的抗磨损性能，色彩感持久稳定，不变色、不褪色。

（2）柔韧曲滑、色泽晶莹。

车身改色膜的高分子产品结构带来的超强柔韧性能，可以在任意弧面实现所理想的曲折性，全面表现出车身曲面的柔美质感。其特效透光涂层使色彩更加晶莹剔透，色泽自然温和，完美展现出车身的通透质感。

（3）车漆保护。

车身改色膜在美化外观效果的同时，也起到了保护车漆的作用，可抵抗弱酸性、弱碱性及石油分流产品的侵蚀，有效保障汽车在酸雨、酸雾及有害气体环境中不受损害，同时阻隔太阳射线，保持原厂车漆光泽润亮。

（4）色彩丰富、施工方便。

车身改色膜可选择的色彩有很多，车主可以随心所欲地改变车身颜色。车身改色膜施工简易，对汽车完整性的保护更好；粘贴后的车身改色膜可以轻松揭除，不伤汽车漆面，无滞留残胶。如果想恢复原车漆，只需将贴膜揭掉即可。

（5）耐磨耐划、养护便捷。

车身改色膜在遇到轻微的划伤后能自动修复弥合细微划痕，车身改色膜无须封釉、镀膜，可适当打蜡。

2）贴车身改色膜的目的

贴车身改色膜的主要目的是在不改变车身原漆的前提下改变车身的颜色和图案质感等，满足车主个性化的需求。

改变车身颜色的理由主要有以下几种。

（1）买新车时，厂家不能提供想要的颜色，可以买下来再改。

（2）车开了几年，现在的颜色看腻了、用旧了，想换个喜欢的颜色。

（3）看中了一辆二手车，想买下来，各方面都不错，就是颜色不喜欢。

（4）喜欢目前名车和赛车的流行色彩。

（5）想改成其他品牌汽车的经典颜色组合。

（6）喜欢某些特殊的颜色，原厂漆需要花费很高的价格，而改色贴膜价格较低。

（7）弥补喷漆改色无法达到的车漆质感上面的变化，如皮纹凹凸效果。

3）车身改色膜的施工步骤

（1）拆卸汽车车标、门把手等可能影响施工的装饰件或零部件。

（2）使用专用清洗剂将车身清洗干净，特别是车身的棱角、边缘等地方；使用专用清洗剂将车身上的压敏胶黏剂及其他顽固污渍清洗干净。

（3）车身清洗完成后，根据车身覆盖件的大小剪裁车身改色膜，车门、车顶等有玻璃的覆盖件，要根据玻璃的尺寸进行初步剪裁。

（4）将初步剪裁过的车身改色膜贴在车身上，注意四周的余量要均匀。

（5）使用专用刮刀从中间往两边刮，将车身改色膜很服帖地贴在车身上，精剪多余的膜，边缘用小工具压实，不同的板件之间也要用小刮刀将车身改色膜推压进去，以免漏贴。

（6）贴完全车后要检查每扇车窗的情况，特别要注意边角处、车门及各覆盖件之间的间隙处是否贴严实，发现起泡、边缘翘起等现象要立即处理。

四、车顶及车轮装饰

1. 行李架

汽车行李架能够放置体积大的行李、自行车和折叠床等，特别适合喜欢长途自驾游的车主。汽车行李架其实代表一种休闲生活方式，它兼具审美与实用功能，既可以让汽车的造型更酷，又可以给车主出游时带来便利。车主出游时，通常会装载着自行车、滑雪板、皮划艇、冲浪板、野营及其他一些运动和休闲装备等。一般来说，旅行车和越野车比较适合安装行李架。

按照安装的难易程度，行李架可以分为简易行李架（如图 5-10 所示）和组合式行李架（如图 5-11 所示）。有的汽车在出厂时就已经配装了行李架，如果不喜欢，那么可以将自己喜欢的行李架换上。有的汽车在出厂时没有配装行李架，但在车顶上为车主后期加装行李架预留了支座安装空位和支座支撑位置，一般上面都已经配有预留的螺栓孔。行李架防漏、防锈工作比较复杂，对于那些没有预留行李架安装位置的汽车，车主最好不要自行安装行李架，以免影响后期的汽车使用，而且自行安装的行李架的安全性也无法保证。

图 5-10 简易行李架

图 5-11 组合式行李架

对于简易行李架，车主可以很简单地将行李架安装上；而对于组合式行李架，安装就比较复杂了。

2. 汽车天线（又称“鲨鱼鳍”）

在很多车型的车顶上都有一个小凸起，因为它像极了鲨鱼的鳍，所以大家亲切地称它为“鲨鱼鳍”。这个“鲨鱼鳍”其实就是汽车的天线，它的作用非常大，关键时刻还能保护驾乘人员的生命。

汽车天线主要有以下作用。

（1）增强汽车的通信信号。

汽车天线的信号接收装置被内置，如图 5-12 所示，所以它的抗干扰能力很强，对无线电波的干扰也相对较小，因此在提高通信信号的同时，也增强了通信信号的稳定性。

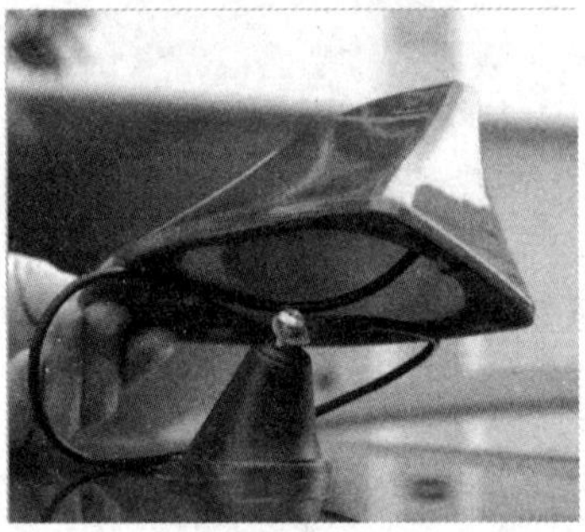

图 5-12 汽车天线的信号接收装置被内置

汽车天线在很多车型上都能看到，但不是所有的“鲨鱼鳍”都是汽车天线，也有部分汽车车顶的“鲨鱼鳍”只是个摆设，是后贴上去的装饰品。真正的汽车天线是有接头的，内置的天线和搭铁线都是与白车身连接的。

（2）扰流的作用。

后置汽车天线在汽车高速行驶时，可以很好地切割车顶的空气涡流，如图 5-13 所示。特别是在 100 km/h 以上的车速时，汽车天线对于降低汽车的油耗有很大的帮助。有风洞专家做过实验，汽车天线在汽车高速行驶时会降低 3%的油耗。

图 5-13 汽车天线切割车顶的空气涡流

（3）秋冬季节释放车身表面静电。

进入秋冬季节，汽车在开门时经常有静电产生。汽车天线内置了一根搭铁线，可以将车身表面产生的静电快速传递至电源负极，这样在开门时就能有效减少静电。

3. 车轮装饰

车轮是介于轮胎和车轴之间所承受负荷的旋转组件，通常由两个主要零部件（轮辋和轮辐）组成。为了彰显个性及美观，喜欢改装的车主一般会更换比较美观的车轮，或者加装一些装饰件。

（1）在汽车轮毂螺栓上加装保护盖、防锈防尘帽等进行汽车外部装饰，如图 5-14 所示。

图 5-14　加装保护盖、防锈防尘帽等

（2）在汽车轮毂上贴彩条或喷彩色油漆也是车轮装饰的一种时尚。彩色轮毂如图 5-15 所示。

图 5-15　彩色轮毂

镁铝合金轮毂除了美观，另一个主要的优点是质量轻，如图 5-16 所示。镁铝合金轮毂还有散热好的优点，因为镁铝合金这种材料吸热和散热都很容易，可以把制动盘传过来的热量吸收，再散发在空气中。

图 5-16　镁铝合金轮毂

竞技风格的汽车车轮装饰则走向了完全不同的道路，既没有大尺寸的多片式铝合金轮毂，又没有靓丽的鲜艳车漆，取而代之的是轻量化的锻造铝合金轮毂和大量的碳纤维轻量化零部件，如图 5-17 所示。

图 5-17　竞技风格的汽车车轮装饰

任务实施

一、前包围的安装

（1）在需要粘胶的位置贴防护胶条，防止损伤车漆，如图 5-18 所示。

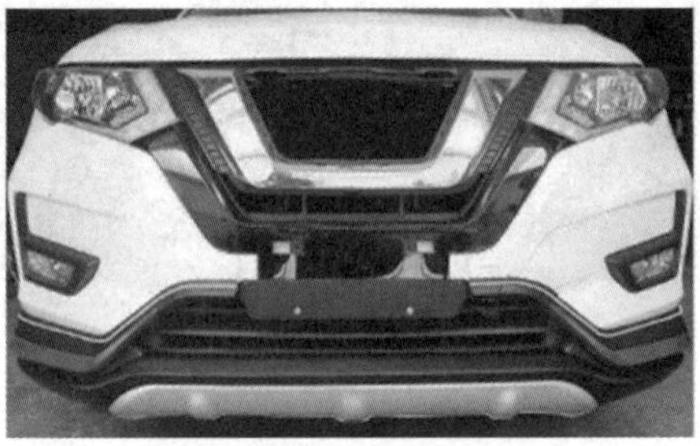

图 5-18　贴防护胶条

（2）从保险杠下部将前包围插入，对准安装孔，拧上车牌旁边的螺钉定位。安装前包围如图 5-19 所示。

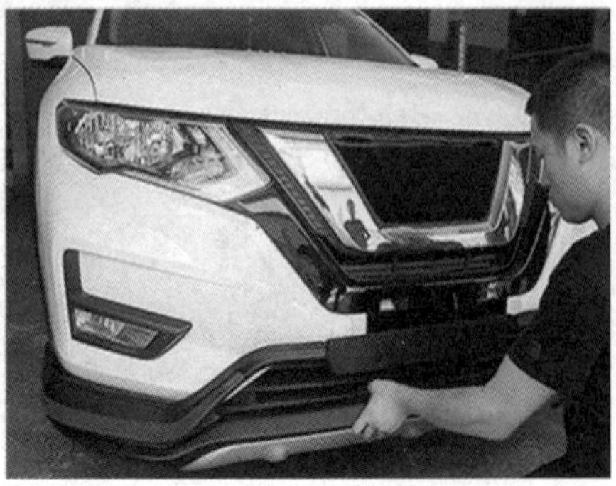

图 5-19　安装前包围

（3）整理左右两端的位置，并用螺钉固定在挡泥板上。安装固定螺钉如图 5-20 所示。

图 5-20　安装固定螺钉

（4）紧固标记中的所有螺钉，完成安装，如图 5-21 所示。

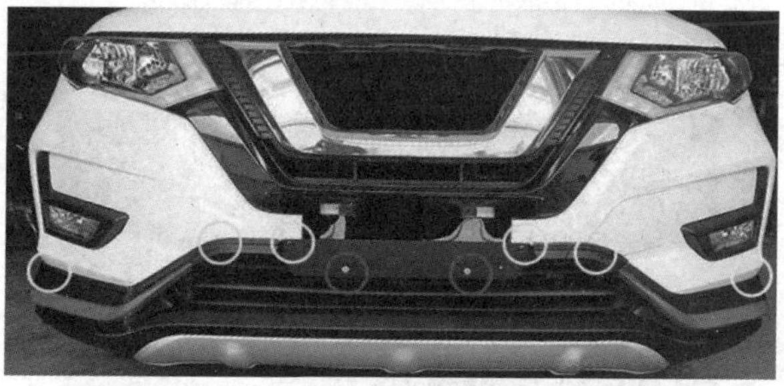

图 5-21　紧固标记中的所有螺钉

二、行李架的安装

（1）检查行李架组件是否齐全，如图 5-22 所示。

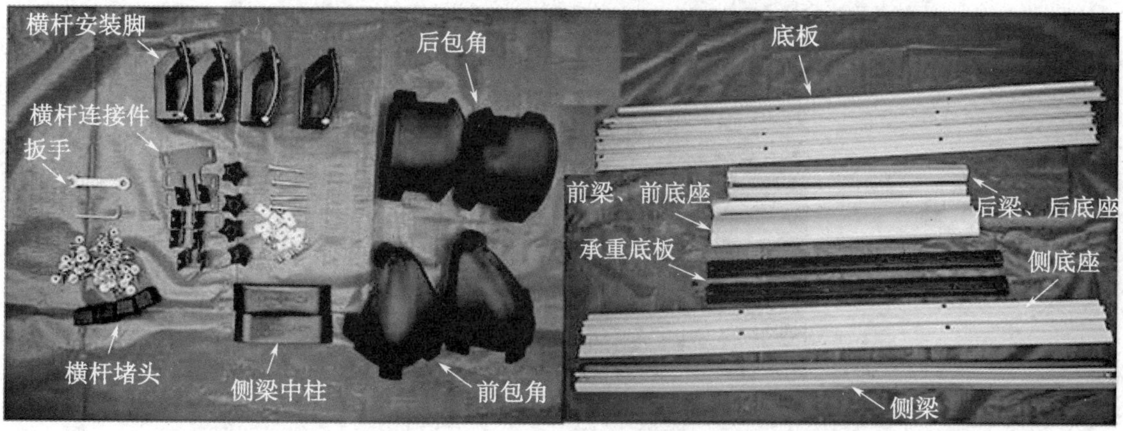

图 5-22　检查行李架组件是否齐全

（2）将横杆连接件套入侧底座，安装横杆连接件，如图 5-23 所示。

图 5-23 安装横杆连接件

（3）将前梁和前底座、后梁和后底座分别使用前/后包角连接，并使用自攻螺钉旋紧固定。安装前/后梁如图 5-24 所示。

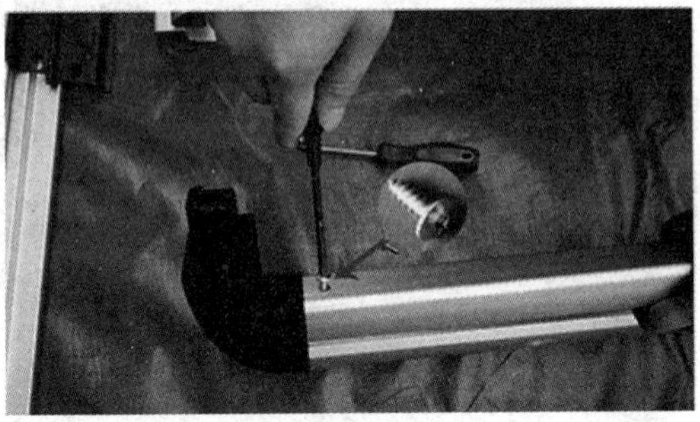

图 5-24 安装前/后梁

（4）将侧梁和侧底座使用黑色侧梁中柱连接，并使用自攻螺钉旋紧固定。安装侧梁如图 5-25 所示。

图 5-25 安装侧梁

（5）将前/后梁和侧梁、前/后底座和侧底座使用前/后包角连接（前后左右衔接上），并使用自攻螺钉旋紧固定。安装梁和底座如图 5-26 所示。

图 5-26　安装梁和底座

（6）将底板架到前/后底座上，并使用内六角螺栓连接并紧固。安装底板如图 5-27 所示。

图 5-27　安装底板

（7）将行李架翻过来，把黑色底板安装在侧底座两头和四块底板预留孔位置，并使用扳手紧固全部螺栓，如图 5-28 所示。

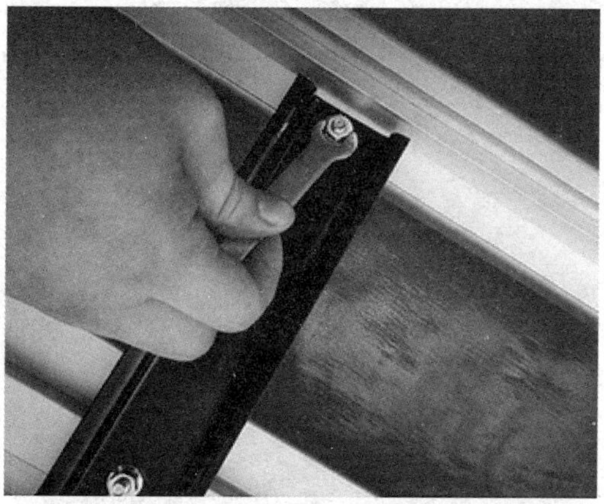

图 5-28　紧固全部螺栓

（8）将横杆穿过连接件并固定，横杆上套上横杆安装脚。安装横杆及横杆安装脚如图 5-29 所示。

图 5-29 安装横杆及横杆安装脚

（9）将行李架总成安装到车顶两边的竖杆上，如图 5-30 所示。

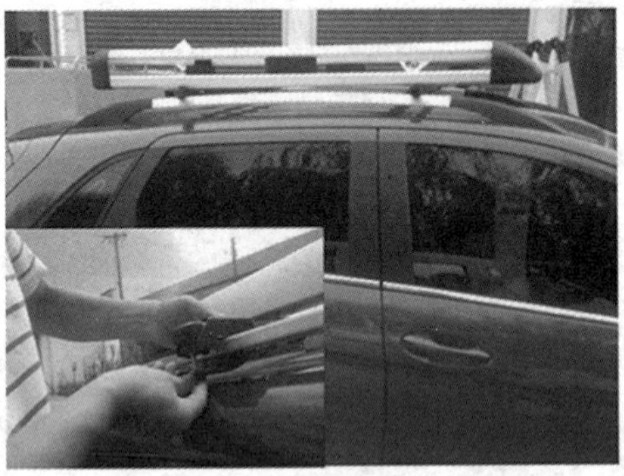

图 5-30 安装行李架总成

（10）在横杆安装脚夹口垫上黑色软垫（防止金属夹口刮花车顶两边的竖杆），使用扳手紧固夹口螺栓，如图 5-31 所示。

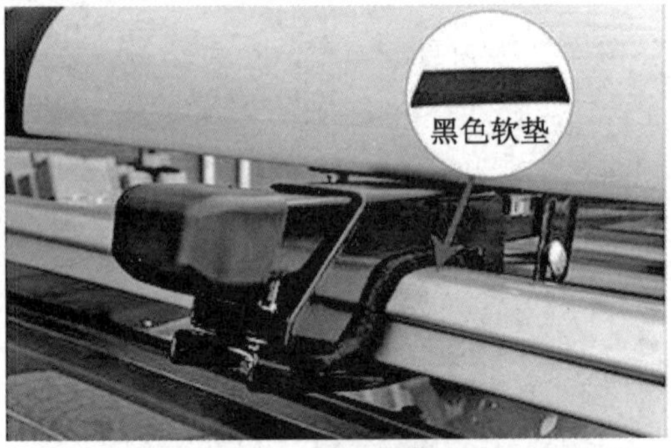

图 5-31 垫上黑色软垫

（11）最后固定好四个横杆安装脚，完成安装，如图 5-32 所示。

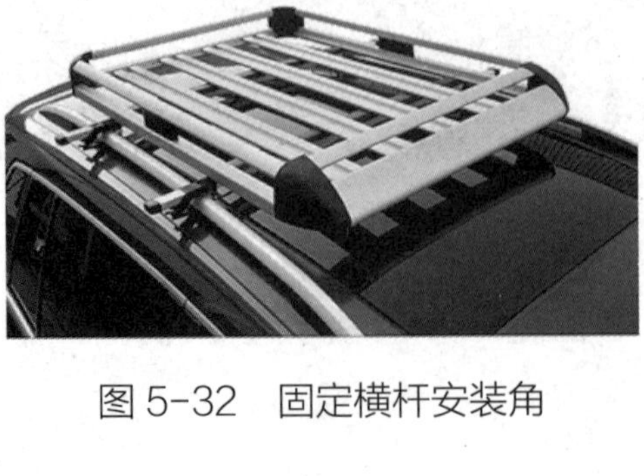

图 5-32 固定横杆安装角

素养与思政

本任务要求分组训练，各小组必须按照规范的操作方式进行汽车外部装饰，力求对专业技能做到精益求精，弘扬大国工匠精神。各小组在实训过程中必须团结一致、相互合作学习，操作过程中注意安全，要求全程实现“7S”管理。

技能训练

在实训车间完成以下工作。

1．按照规范的流程完成汽车前包围的安装。

2．按照规范的流程完成汽车行李架的安装。

3．小组成员相互合作，按照规范的流程操作，注意安全，全程要求按照“7S”管理标准操作。

任务2 汽车内部装饰

知识目标

1. 了解汽车座套和坐垫的类型及选用方法。
2. 了解汽车地板的功能及构造。
3. 了解汽车音响及其他车内用品装饰。

能力目标

1. 能正确更换汽车座套和坐垫。
2. 能正确选用汽车脚垫。

思政目标

1. 通过汽车内部装饰规范的操作流程，培养学生对汽车内部装饰工艺精益求精的工匠精神。

2. 通过学生小组合作学习，培养学生爱岗敬业、团结互助的价值观。

3. 通过对汽车座套、坐垫、脚垫等用品的性价比进行比较，引导学生使用国产品牌，培养学生的爱国主义情怀。

任务引入

刘先生买了一辆家用小汽车，由于在买时没有太在意车内配置，使用一段时间后对汽车座椅不太满意，决定去换个真皮座椅套，全车更换 3D 脚垫。

本项目针对初学者介绍了汽车座套、坐垫、座椅、枕垫、地板、脚垫、音响等用品的类型及正确选用方法，使初学者尽快掌握汽车装饰的基本知识及技能。

相关知识

一、汽车座椅装饰

汽车座椅装饰主要集中在座椅的表面层，包括对表面层材料的选用、加工制作等。汽车座椅装饰主要包括座套装饰、坐垫装饰、枕垫装饰等。

1. 座套装饰

汽车座套是指汽车座椅的套子。汽车座套可以保持原车座椅干燥、干净，防止座椅皮革老化，体现车主的个性化。汽车座套是汽车用品，如图 5-33 所示，一般分为通用座套和专车专用座套。通用座套的材质采用高弹性布料，有很大的收缩和扩张空间。通用座套相对于定做汽车座套在产品材料的选择上有更大的余地。因为专车专用座套的厂家、商家对专车专用座套很少准备成品库存，每次安排的产量都很小，这就决定了绝大多数专车专用座套厂家、商家只能选择面料市场上现有的材料，无法按设计需要批量订购面料。

图 5-33 汽车座套

汽车座套的选购方法如下。

对于汽车座套的选择主要是达到内外一致的效果，或者形成内外迥异的个性，可随个人的心境变换内饰的色彩，达到怡情养性的效果，创造个人的第三空间美。

（1）颜色。

汽车座套的颜色应与汽车主色调搭配。例如，若汽车内饰的颜色是米色，则最好选择灰色或者米色等颜色，这样才能更好地彰显出汽车的高贵与美观一致性，也充分地展示了车主的个人品位。

（2）品牌。

汽车座套与汽车座椅相吻合，目前汽车座套生产厂家根据车型与结构进行座套打模和制造，专车专用，这样套上去的汽车座套才会舒适，不会过松或过紧。

（3）面料。

目前汽车座套的面料主要有真皮、纯棉、冰丝、三明治、纱丁网等，车主可以根据自己的喜好选择汽车座套的面料。

（4）价位。

不论汽车座套的面料是高端还是中低端，首先是要车主喜欢，然后根据实际情况选择不同价位的面料。

2. 坐垫装饰

汽车坐垫一般分为三件套、五件套、八件套、九件套共四种。三件套指的是两件前排座椅的坐垫加上一件后排座椅的坐垫。五件套指的是在三件套的基础上加上两件前排座椅的靠背。八件套指的是在五件套的基础上加上一件后排座椅的靠背。九件套指的是两件前排座椅的靠背，两件后排座椅的靠背，一件后排座椅的坐垫，两个头枕和两个腰枕。当然，件数越多，价格越高。汽车坐垫如图 5-34 所示。

图 5-34　汽车坐垫

1）坐垫的作用

（1）提供舒适的乘坐感。

有经验的驾驶员都知道，正确的坐姿和舒适的坐感是安全行车的重要前提，也是缓解驾驶疲劳的有效手段。铺设一套适宜的坐垫，对于提升乘坐的舒适度有明显的作用。

（2）保护座椅。

绝大多数车型的座椅面料都是缝制的，无法拆洗，一旦污损，很难把座椅彻底清洗干净。因此，铺设坐垫就成为保护座椅较为便捷的方式之一。

2）坐垫的类型

汽车坐垫的类型很多，大致可以按照以下几种形式来分类。

（1）汽车坐垫按照作用的不同可以分为保暖坐垫、清凉坐垫、保健坐垫及电热坐垫等。

（2）汽车坐垫按照制作工艺的不同可以分为纺织坐垫、编织坐垫、串珠坐垫等。

（3）汽车坐垫按照材料的不同可以分为真皮坐垫、毛坐垫、人造革坐垫、化纤坐垫等。

3）坐垫的选用

（1）根据气温条件选用。

夏天天气比较炎热，建议选用清凉坐垫，它具有较强的排湿、排汗功能，如木珠坐垫（如图 5-35 所示）；冬天天气比较寒冷，毛坐垫有利于保暖，而且表面柔和，给人很强的舒适感，如羊毛坐垫（如图 5-36 所示）；春秋季节则可以选用亚麻坐垫、布艺坐垫等编织坐垫。

图 5-35　木珠坐垫

图 5-36　羊毛坐垫

（2）根据个人需求选用。

有些驾驶员经常跑长途，为了缓解疲劳，可以选用带有按摩功能的坐垫，一般的按摩坐垫装有 3～5 个振动电机，如图 5-37 所示，可以同时按摩腰部、背部、颈部等部位，按摩装置能缓解肌肉劳损，促进血液循环，给驾驶员营造更舒服、更轻松的驾车环境。在我国的北方，由于天气寒冷的时间较长，有些人比较喜欢带有加热功能的座椅或坐垫。加热坐垫如图 5-38 所示。

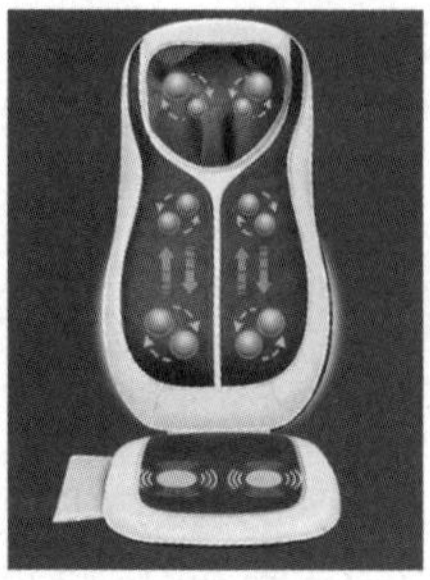

图 5-37　按摩坐垫

图 5-38　加热坐垫

3．真皮座椅

真皮座椅是指座椅的面料采用真皮（牛皮、羊皮或猪皮等），通过皮革厂的加工制作而成的一种座椅。真皮座椅是高档汽车座椅的代表，除了具有舒适度和豪华感，还具有更好的耐久性和维护性。真皮座椅如图 5-39 所示。

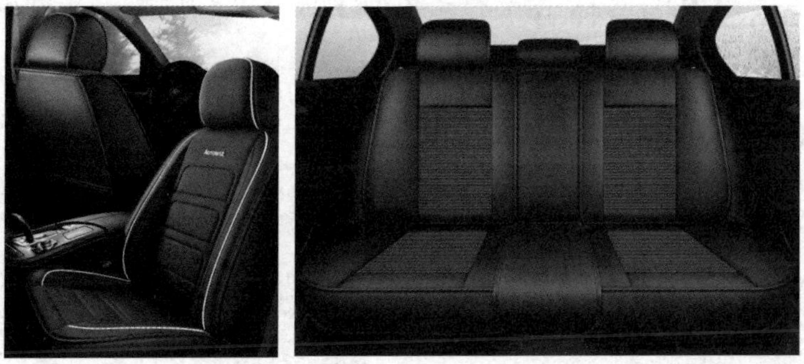

图 5-39 真皮座椅

1）真皮座椅的保养

真皮座椅的保养目的是去除污垢，防止真皮座椅褪色、变硬、变脏或龟裂等。因此，车主应坚持定期对真皮座椅进行清洁保养，使它们不因干燥老化而裂开损坏。

真皮座椅的保养方法有两种：一是新车刚买来时，先给新车的真皮座椅涂一层真皮上光剂，增加保护层；二是定期保养，使用皮革清洗剂进行保养和去除污渍。

2）真皮座椅的选用

（1）按照商家选择。

一般对于有实力的商家而言，缝制和安装都是流水作业，其时间短、速度快、质量好，具有规模的商家还可以提供上门服务。

（2）按照产地选择。

真皮座椅由于产地不同，市场也不一样，质量和价格就相差甚远。真皮中较高档次的是意大利黄牛皮，其质地厚实、柔软光滑、有弹性；其次是泰国水牛皮，其水分充足、质地柔软、价格也低一档次。

（3）按照颜色选择。

汽车专用的牛皮颜色不多，主要有红、黄、黑、浅灰等，要根据轿车的颜色和车内的环境协调搭配。

4．儿童安全座椅

汽车安全带是按照成人标准设计的，适合体重大于 36 kg、身高大于 140 cm 的成人使用。如果给儿童使用，安全带会卡在儿童的脖子上，发生事故时对儿童的危害更大。

不少家长误以为，将儿童揽入怀中坐在副驾驶位置是较安全的方式，其实家长们往往低估了汽车碰撞时产生的冲击力强度，位于副驾驶的儿童往往容易被弹出的安全气囊压破内脏。正确使用儿童安全座椅将有效降低儿童在车祸事件中的死亡率。当车速达到 50 km/h 时（市内行驶的普通速度），一个体重 40 kg 的儿童就相当于 1 t 的运动物体。

一般而言，儿童安全座椅分为婴儿安全座椅（如图 5-40 所示）和儿童安全座椅（如图 5-41 所示）。从使用方式上看，儿童安全座椅一般分为躺着和坐着两种。从婴儿出生时到能够自己独立坐稳这段时间要使用婴儿安全座椅，等婴儿可以自己坐稳以后就可以切换成儿童安全座椅了。

图 5-40　婴儿安全座椅

图 5-41　儿童安全座椅

儿童安全座椅根据固定方式共分为三种：欧洲标准的 ISOFIX 固定方式、美国标准的 LATCH 固定方式和安全带固定方式。

儿童安全座椅按照儿童的年龄和体重分为四类，即：0～1 岁（体重在 10 千克以下）用婴儿安全座椅；1～4 岁（体重在 9～18 千克）用儿童安全座椅；4～8 岁（体重在 15～25 千克）用增高垫式儿童安全座椅；8～12 岁（体重在 22～36 千克）用便携式儿童安全座椅。安装儿童安全座椅时要根据儿童的年龄或体重来选用不同的婴儿安全座椅或儿童安全座椅。

5. 枕垫装饰

1）枕垫的作用

汽车枕垫根据需要置于驾乘人员的头、颈、腰等部位，是用于改善局部舒适性的一种装饰，对人体的头部、颈部、腰部等部位进行柔性支撑，缓解疲劳，创造良好的乘车环境。

2）枕垫的类型

汽车枕垫按照使用部位的不同分为颈枕和腰枕。

3）枕垫的选用

汽车枕垫可以根据驾乘人员坐在座椅上感到某些部位的不适进行选用，同时可以根据驾乘人员的身体状况选用。

二、汽车地板装饰

1．汽车地板的功能

汽车地板在汽车底盘的上部，是车厢的基础部分，承载着车内的各类设施和乘员，如图 5-42 所示。汽车地板与侧围、前围、后围和顶篷共同构成汽车室内。一般来说，客车对地板功能的要求比货车高，而轿车对地板功能的要求比客车高，轿车地板的性能较好、结构较复杂。

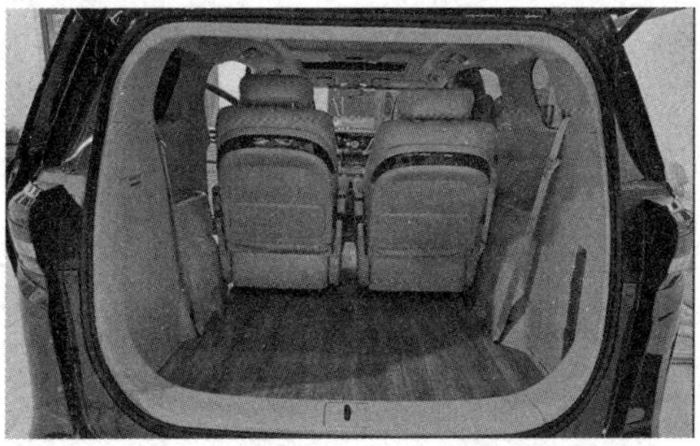

图 5-42　汽车地板

轿车对于地板的具体要求如下。

（1）安全性高，能稳固地起到支撑功能。

（2）地板是车厢与地面之间的隔离层，要求它能起到保温、隔热、防湿、防潮、防尘和防止外部噪声等进入车内的作用。

2．汽车地板的构造

1）客车地板的结构

一般客车地板的结构是使用花纹钢板焊接到车架上的，然后使用密封胶对周边进行密封；也有使用薄钢板冲压成形的地板覆盖在车架上进行焊装，然后使用密封胶对周边进行密封，再在这层薄钢板上黏结一层地板革，周围使用铝制的地板压条进行装饰并压紧固定。客车地板如图 5-43 所示。

图 5-43　客车地板

2）轿车地板的结构

一般轿车地板是复合型的，由基层、中间层和表层构成。轿车地板如图 5-44 所示。

图 5-44　轿车地板

（1）基层。

基层是用薄钢板压制，经焊接而成的。有的轿车底盘有骨架，压制的薄钢板就焊接在轿车底盘的骨架上；有的轿车底盘无骨架，直接用薄钢板冲压焊接成轿车底盘，成为轿车地板的基层，也称为底层。

（2）中间层。

中间层主要由加强隔热胶板、胶合板或纤维板等构成，起到密封、隔热、保温和加强地板刚度的作用。

（3）表层。

表层主要选用优质的人造革，通过粘贴或使用螺钉等固定在轿车地板上。

3）轿车地板的改装

内部空间大的汽车在进行内饰改装的时候，都会选择做木地板改装，方便清理，而且美观，能提升内饰的档次，最主要的是，木地板的质感增强了乘车舒适性。

木地板看起来整齐平整，很有档次，而且方便打扫卫生。其他的地板在全新的时候看上去很美观，但是过段时间，因汽车底盘不平，踩了会变形，而且不耐踩、不耐脏，档次就没有木地板高了。木地板改装如图 5-45 所示。

图 5-45　木地板改装

3．脚垫装饰

汽车脚垫是一种集吸水、吸尘、去污、隔音、保护主机毯五大主要功能于一体的环保汽车装饰件。汽车脚垫属于汽车内部装饰，保护车内的洁净，起到美观、舒适、点缀的作用。

汽车脚垫的形状有很多种，常用的有 3D 脚垫、五件套平铺脚垫、整体脚垫等。按照汽车脚垫的材质可以将其分为以下 7 类。

（1）丝圈脚垫。

丝圈脚垫是目前市场较受欢迎的汽车脚垫，也是销量较好的汽车脚垫。丝圈脚垫有着独特的丝圈结构，具有环保、柔软、防滑、耐脏、易清洗等特点，不过对比其他材质的脚垫，丝圈脚垫的价格会稍微高些，如图 5-46 所示。

图 5-46　丝圈脚垫

（2）全包围脚垫。

全包围脚垫的特点是覆盖率广，放在车上可以把脚下空间全部卡死，这样灰尘和泥土或水就不会弄到车里。但是全包围脚垫容易被泥水弄脏，没有丝圈脚垫容易清洗，如图 5-47 所示。

图 5-47　全包围脚垫

（3）橡胶脚垫。

橡胶脚垫的特点是耐脏、易清洗，但异味大、容易滑动。橡胶脚垫因具有耐脏、易清洗等特点，曾一度非常受广大车主的喜爱。但是在使用过程中，人们发现橡胶脚垫比较滑，不安全、不稳定，加上劣质橡胶制成的脚垫会产生有害气味，所以慢慢地被市场淘汰了，如图 5-48 所示。

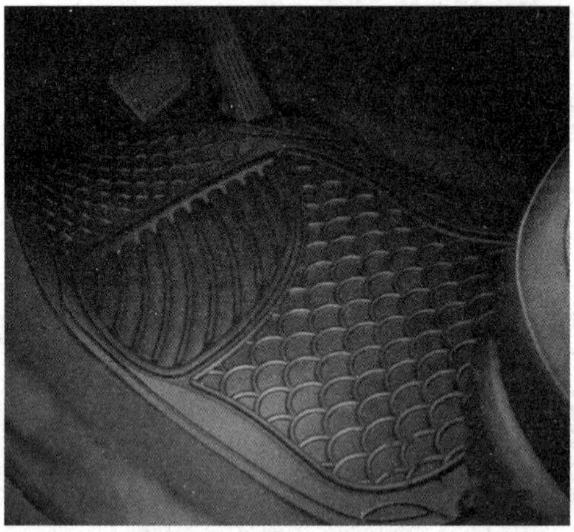

图 5-48　橡胶脚垫

（4）毛绒脚垫。

毛绒脚垫的特点是舒适度高、上档次，但容易脏、清洗麻烦。一般女性车主会购买毛绒脚垫，如图 5-49 所示。

图 5-49　毛绒脚垫

（5）亚麻脚垫。

亚麻脚垫的价格较低，脚垫摸上去比较软，清洗后容易起毛，而且清洗几次后会变形，导致脚踩上去脚垫表面深陷下去，影响舒适性。这种材质的汽车脚垫价格低廉，使用时间长了之后，尤其在温度较高的夏天，容易产生异味，如图 5-50 所示。

图 5-50　亚麻脚垫

（6）皮革脚垫。

皮革脚垫主要都是人造皮革制作而成的。少数的汽车脚垫是真皮脚垫，但是真皮脚垫价格高昂。皮革脚垫的优点是清洗方便，缺点是不吸水、吸尘、隔音不好，如图 5-51 所示。

图 5-51　皮革脚垫

（7）TPE 脚垫。

TPE 脚垫是近几年在欧美流行的汽车脚垫，是一种热塑性弹性体材料，加工性能优越，无须硫化且不需要添加剂，适合做无甲醛的环保汽车脚垫。TPE 脚垫的优点是可塑性好、耐用、弹性好、无异味、材质健康，缺点是价格高昂，如图 5-52 所示。

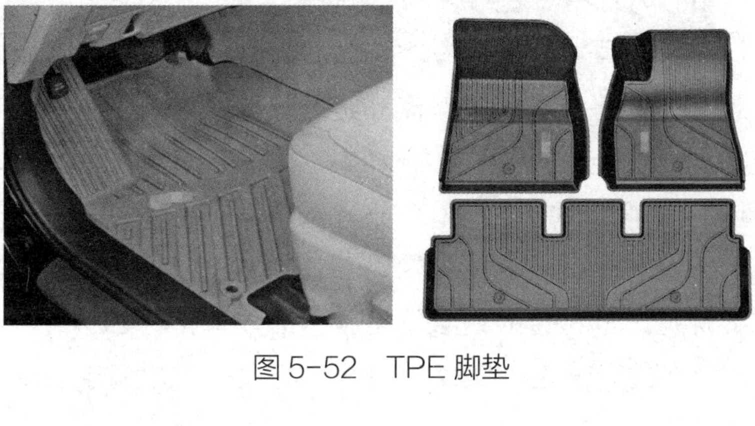

图 5-52　TPE 脚垫

4. 脚垫的选购方法

1）脚垫的尺寸大小与原车尺寸是否搭配

选购脚垫的尺寸大小要注意是否与原车搭配。有时喜欢一种脚垫但在大小方面不合适，还得自己进行裁剪，大小不一的脚垫在行车过程中很容易出现移位，可能会产生行车安全隐患。

2）耐磨性与变形程度

脚垫的耐磨性和变形程度是非常重要的，很多劣质的脚垫在这两个方面做得很差，刚买回来使用时效果不明显，但随着使用时间越来越长，在耐磨性和变形程度上就显现出来了，走形的脚垫不仅在美观程度上明显下降，还有行车安全隐患。

3）防滑性和易清洗

脚垫不仅是美化内饰的装备，更是安全行车的保障，行车过程中难免遇到紧急事件需要紧急制动，而脚垫能起到摩擦防滑作用，针对突发事件非常有效，可见防滑性作为脚垫选购参数是不可或缺的。另外，在选购脚垫时最好选择易于打理清洗的，这样既易于脚垫的清洁，又利于保持内饰的整洁。

三、汽车音响及其他车内用品装饰

1. 汽车音响的改装

汽车音响是为减轻驾乘人员行车过程中的枯燥感而设置的收放音装置。最早使用的是汽车调幅收音机，后来使用的是调幅调频收音机、磁带放音机，目前发展至 CD 放音机和兼容 DCC、DAT 数码音响。现在汽车音响在音色、操作和防振等方面均达到了较高的标准，能应对汽车在崎岖道路上的颠簸，保证性能的稳定和音质的完美。

汽车音响主要包括主机、扬声器、功放三部分。主机是汽车音响中最重要的组成部分，就好像人的大脑，要发出什么样的声音，得由大脑来控制。目前流行的主机有 CD 主机、MP3 加 CD 碟盒和 CD/DVD/车载 MP5 主机，MP5 主机已替代一般的车载 CD 音响系统，海量硬盘容量已取代传统的碟片。车载 MP5 已成为当今主流。

汽车音响的改装，顾名思义，就是对汽车进行音响改装升级，其目的是满足车主对汽车音乐的需求，使车内音响空间以最佳的声场表达方式表达音乐爱好者对音乐的热爱。汽车音响的改装主要针对汽车音响的主机、功放、扬声器三大件进行改装升级。

1）主机的选择

判断音响主机的优劣，最直接的方法就是看它的技术指标。

（1）输出功率。现在的音响主机所标称的功率绝大多数是音乐功率，为 40～60 W，功率不能太大。

（2）频率响应。人耳所能听到的频率范围为 20 Hz～20 kHz，因此该指标最少要达到这个数值，而且越宽越好。

（3）信噪比。它是指音乐信号和噪声的比例，一般高档汽车音响都在 90 dB 以上，该数值越大越好。

（4）总谐波失真（THD，Total Harmonic Distortion）。该指标体现声音再现的还原度，数值越小说明还原度越高，音响效果也就越好。

2）功放的选择

功放是音响系统的心脏，功放功率的大小、质量的好坏对音乐的播放起着至关重要的作用。普通汽车的功放都设计在音响主机内，功率一般在 10～45 W 之间，但这样无法聆听多层次大功率的数码音乐，要想使声音达到最佳效果，就必须在系统中增加独立的功率放大器，其目的是将电源的 12 V 电压升至 35～45 V，以高电压推动大功率扬声器，这样动态范围增大了，音乐就能更完美地播放出来。

选择功放的原则：首先，功放的功率应与扬声器的功率相搭配；其次，要选择有内置分频器的功放，这样会使系统具有扩充性，可自由对功放和扬声器进行组合，同时也使调节简单易行，使整套系统的音质得到提高。选购时还要注意尽量选择较大的散热器，因为大功率的输出，必然会产生较大的热量，散热是维持功放基本工作的重要因素之一。

3）扬声器的选择

扬声器俗称喇叭，是音响系统中不可或缺的重要器材，所有的音乐都是通过“喇叭”发出声音，就像人的咽喉一样，是唯一将电能转变为“声音”的一种器材。扬声器的性能对音响系统的音质起到至关重要的作用。扬声器包括低音单元、中音单元、高音单元，这三种单元负责不同的频率，但它们的工作原理都是相同的。

汽车音响使用的扬声器类型很多，有同轴式、全音域、分离式及超低单元等形式。单元振膜的面积越小则音高越高，面积越大则音高越低，因此，音响系统必须使用多种大小不同的扬声器，才能将音乐完全还原。现在大多数汽车上使用的是同轴扬声器，它将低音与高音安装在同一轴心上，成为一个综合性的音域单元，但是受到安装位置的限制，音效不是很好。扬声器的选择应该注意以下 4 个方面。

（1）并不是标称功率越大越好。

并不是标称功率越大，扬声器的实际功率就越大，扬声器的实际功率只能用仪器检测才能得到结果，要想发出完美的音乐，需要功放和扬声器的完美匹配。

（2）并不是套装扬声器的分频器内置元件越多越好。

元件数量的多少，并不能起决定性的作用，关键要看电子元件的质量。

（3）在声音不失真的状态下，确保扬声器大幅度振动不会被烧毁。

在声音不失真的状态下，扬声器的振动频率越高，说明它的灵敏度越高，对声音的表现能力越强，它并不会被烧毁。但是在声音失真的状态下，就另当别论了。

（4）并不是扬声器的磁铁越大越好。

磁铁分高密度、低密度、强磁性、弱磁性等几类，如果是一个低密度、弱磁铁的扬声器，它的效果肯定不好，而且体积大，安装起来也不方便。

2. 其他车内用品装饰

1）车载香水

车载香水是一种混合了香精油、固定剂与酒精的液体，让汽车室内拥有持久且悦人的气味，市场上常用的汽车香品主要有气雾型、液体型和固体型三种。

车载香水能保持车内空气洁净，去除车内异味，杀灭细菌，起到净化空气的作用。车载香水有利于驾驶人员的行车安全，它能够在狭小的车内空间里营造出一种清新可人的氛围，以保持驾驶人员头脑清醒和镇静，从而减少行车事故的发生率，增添车内雅趣。许多车载香水的造型都相当可爱，除了香味，还是很好的车内装饰件，活跃车内气氛，提高驾驶乐趣。

2）车载挂件

许多人都喜欢在车上悬挂车载挂件，主要用于装饰汽车内饰，显现个性。

3）手机支架

如今手机已经成为人们出门必备的工具，随着近几年的发展，智能手机上的功能也越来越丰富，除了日常打电话，还具备地图导航功能。

手机导航功能比汽车上的车载导航系统更加精准，深得车主们的喜爱。但是手机在车上需要固定在一个地方，于是各种手机支架顺势而出。手机支架如图 5-53 所示。

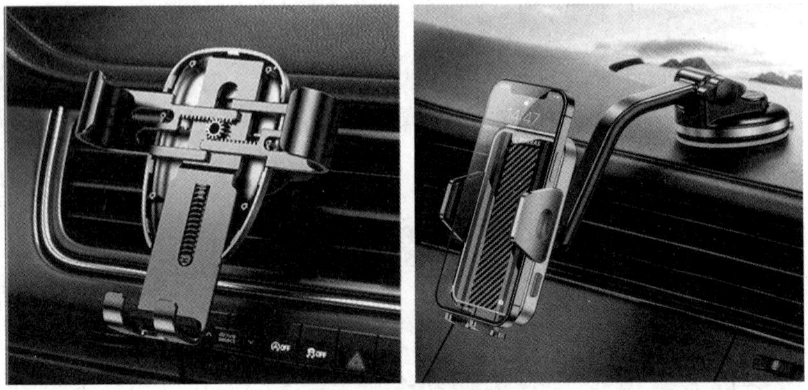

图 5-53　手机支架

4）摆放式挪车卡

当外出旅游或办事需要临时停车，这时最好在车内摆放挪车卡。摆放式挪车卡如图 5-54 所示。车上有联系电话能防止停车纠纷、车主财产损失、联系不上车主等问题。有些挪车卡在不用时还可以把电话隐藏起来以保护个人隐私。

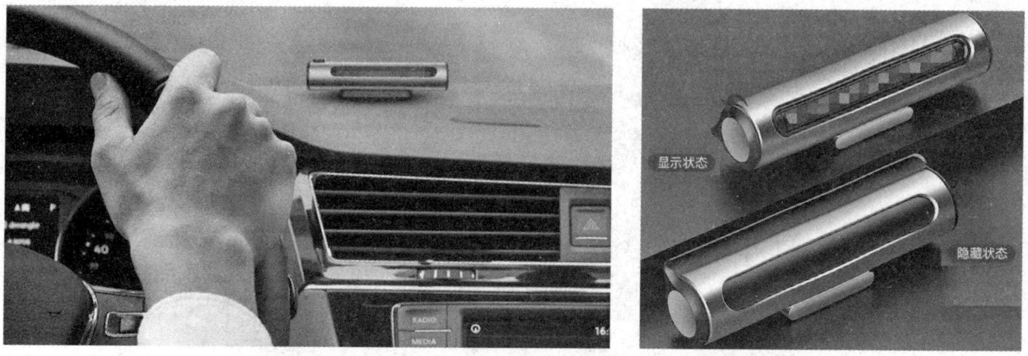

图 5-54 摆放式挪车卡

任务实施

一、汽车音响的改装

（1）拆卸车门内饰板，如图 5-55 所示。

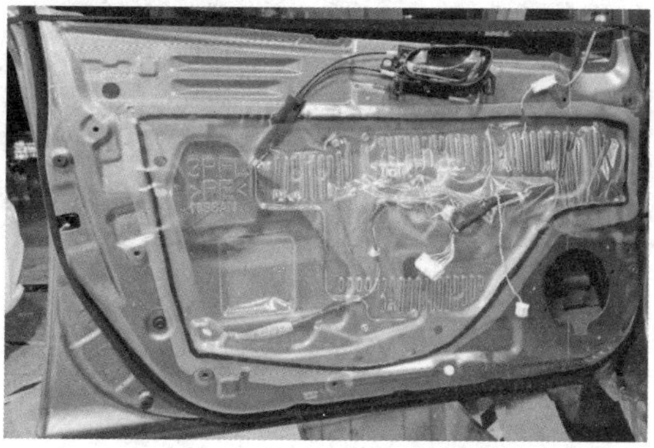

图 5-55 拆卸车门内饰板

（2）将裁剪好的条形减震板贴在门板内部的钣金上面，如图 5-56 所示，然后使用专用工具进行压实处理。

图 5-56 贴条形减震板

（3）在车门内饰板上粘贴隔音材料及吸音材料，如图 5-57 所示。

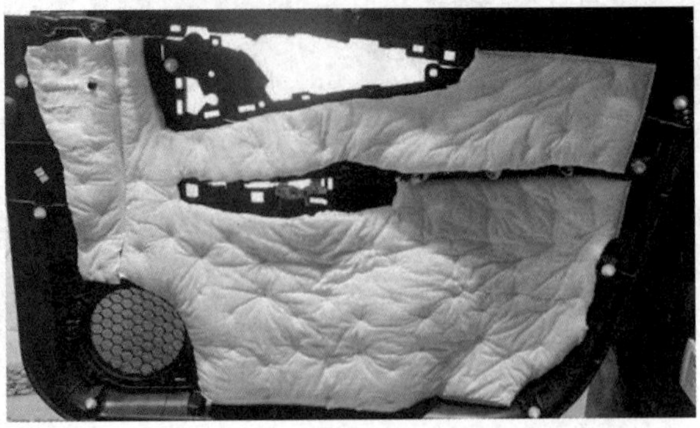

图 5-57 粘贴隔音材料及吸音材料

（4）前门高音扬声器安装于原车高音位仪表板上，中低音扬声器安装于前门扬声器位上，后门高音扬声器则安装于中低音扬声器旁边。更换扬声器如图 5-58 所示。

图 5-58 更换扬声器

（5）安装车门内饰板，收拾工具，清洁场地。

二、汽车脚垫的安装

（1）清洁地板，使用吸尘器将车内地板的泥沙及异物清理干净，如图 5-59 所示。

图 5-59 清洁地板

（2）安装主驾驶区的脚垫，注意不要挡住制动及加速踏板的位置，如图 5-60 所示。

（3）安装副驾驶区的脚垫，如图 5-61 所示。

（4）安装后排脚垫，注意脚垫不要挡住座位的导轨，如图 5-62 所示。

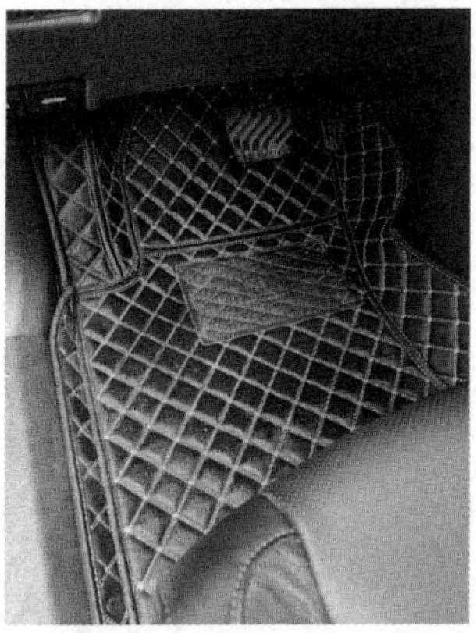

图 5-60　安装主驾驶区的脚垫

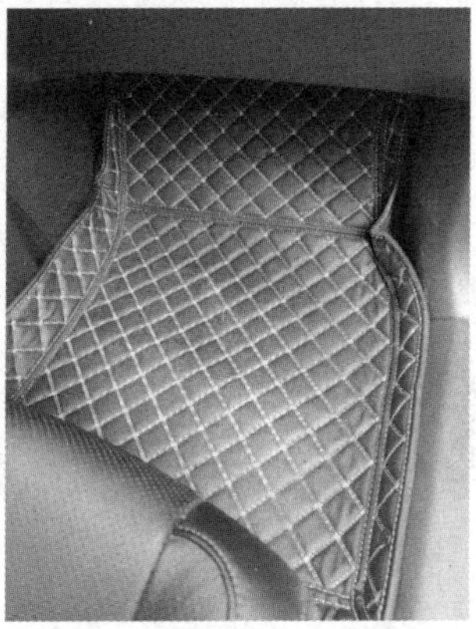

图 5-61　安装副驾驶区的脚垫

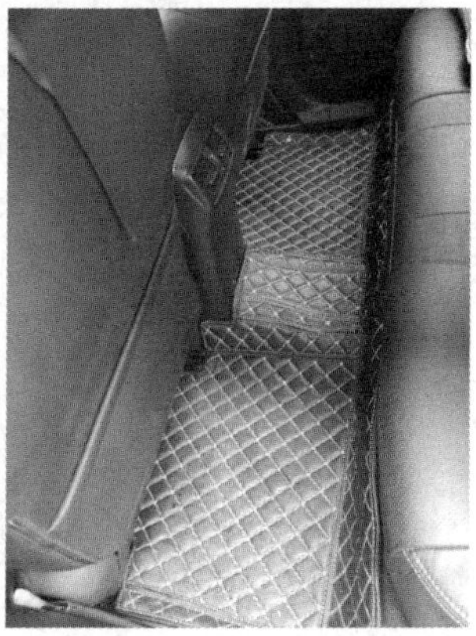

图 5-62　安装后排脚垫

素养与思政

本任务要求分组训练，各小组必须按照规范的操作方式进行汽车内部装饰，力求对专业技能做到精益求精，弘扬大国工匠精神。各小组在实训过程中必须团结一致、相互合作学习，操作过程中注意安全，要求全程实现“7S”管理。

技能训练

在实训车间完成以下工作。

1．按照规范的流程完成汽车音响的改装。

2．按照规范的流程完成汽车脚垫的安装。

3．小组成员相互合作，按照规范的流程操作，注意安全，全程要求按照“7S”管理标准操作。

项目六

汽车防护

项目描述

汽车防护就是给汽车安装必要的防护及示警装置，通过这些装置，最大限度地为汽车和驾乘人员提供预防性保护。汽车防护已经广泛地应用于汽车美容与装饰中，主要的项目有装贴汽车防爆膜，安装汽车防盗器、倒车声音影像系统、行车记录仪、语音报警系统、底盘装甲等。

因为汽车防盗器和语音报警系统一般在买车时原厂都配备，所以本项目主要介绍汽车防爆膜、倒车声音影像系统、行车记录仪、底盘装甲等。

任务1 汽车防爆膜装贴

知识目标

1. 了解汽车防爆膜的类型与性能。
2. 掌握汽车装贴防爆膜的流程。

能力目标

1. 能正确装贴汽车防爆膜。
2. 能正确分辨汽车防爆膜。

思政目标

1. 通过汽车防爆膜装贴规范的操作流程，培养学生对汽车防爆膜装贴工艺精益求精的工匠精神。
2. 通过学生小组合作学习，培养学生爱岗敬业、团结互助的价值观。
3. 通过对汽车防爆膜等产品的性价比进行比较，引导学生使用国产品牌，培养学生的爱国主义情怀。

任务引入

刘先生去汽车 4S 店置换了一辆 B 级车，因为是第二次买车，所以刘先生没有要汽车 4S 店赠送的汽车防爆膜，而是去汽车美容店装贴了一套档次比较高级的汽车防爆膜。

本任务针对初学者介绍了汽车防爆膜的类型及贴膜的流程，使初学者尽快掌握汽车装饰的基本知识及技能。

相关知识

一、汽车装贴防爆膜的作用

汽车防爆膜由聚酯基片、胶、内衬等构成。聚酯基片的特点是耐久、坚韧、柔软、晶莹剔透，并能吸收少量的湿气，同时耐高温和低温。汽车防爆膜具有以下三个基本特征。阳光热控制、紫外线控制、玻璃破碎保护。

贴膜可以有效地阻隔紫外线的照射，使驾乘人员免受紫外线的辐射，在改善乘坐舒适性的同时，也提供了良好的预防性保护。另外，在汽车行驶过程中，意外的交通事故时有发生，即使汽车玻璃是由特种材料及特种工艺制成的，汽车相撞时也容易造成汽车玻璃破碎，从而对驾乘人员产生伤害。汽车防爆膜能有效地改善汽车玻璃的抗冲击强度，提高乘车的安全性。汽车装贴防爆膜的作用主要体现在以下 5 个方面。

（1）隔热降温。

汽车装贴防爆膜后，能有效隔热、隔断眩光，使整个汽车内部空间变得舒适宜人。没有贴膜时，靠近风挡玻璃的区域通常明亮刺眼且非常热，而汽车防爆膜的阳光热控制能够降低空调消耗并延长制冷系统的使用寿命。

（2）延缓汽车内饰件龟裂和褪色。

透过风挡玻璃的阳光会使汽车内饰件龟裂、褪色，以及产生伤害。汽车防爆膜具有紫外线伤害保护、隔热、过滤掉可见光等功能，使汽车室内舒适，并防止驾乘人员受到紫外线的伤害。

（3）控制眩光。

汽车防爆膜可以减少 20%～80%的眩光，同时还能为驾驶员提供较清晰的视野。因为眩光不仅仅是一件令人苦恼的事，还会伤害眼睛，使人感到不舒服。

（4）高舒适度并节能。

汽车防爆膜能够使汽车室内温度均衡，消除遮蔽、暴晒区域的冷热，并将温度波动降到最低。

（5）安全。

当意外发生时，玻璃会变成给人造成伤害的材料。一些自然灾害如飓风、地震等，会增大伤害的可能性；故意的破坏和敌对行为也时有发生。在这些事件中，破碎的玻璃和飞溅的碎片会对人的身体产生伤害。而汽车防爆膜在玻璃破碎时可以提供有效的保护，能够粘住玻璃，防止飞溅的玻璃碎片伤害人或损害物品。特殊的强生安全膜还可以防盗窃、地震、飓风等，并且可以阻挡枪击。

二、汽车防爆膜的类型与性能

1. 汽车防爆膜的类型

汽车防爆膜主要由抗磨损层、带色 PET 安全性底层、金属隔热层、复合型胶黏剂、UV 消化吸收层、透明 PET 底层、安装胶黏剂等组成。

（1）抗磨损层。由耐磨损聚氨酯材料构成。

（2）带色 PET 安全性底层。由高韧性、高透明的 PET 聚脂膜与色浆熔化挤压双重拉伸制成，因为色浆夹在 PET 聚脂膜内，可以避免被氧化掉色，使用寿命长。

（3）金属隔热层。在 PET 聚脂膜上溅射金属铝、银、镍等纳米金属层。

（4）复合型胶黏剂。由耐老化、高透明的聚氨酯材料胶黏剂构成。

（5）UV 消化吸收层。由特殊 UV 吸附剂构成。

（6）透明 PET 底层。由高韧性、高透明的 PET 聚脂膜构成，目的是把金属层夹在中间，避免金属氧化，增加金属膜的使用寿命。

（7）安装胶黏剂。由耐老化、高透明的丙烯酸树脂胶黏剂构成。

汽车防爆膜按照颜色不同可分为自然色、茶色、黑色、天蓝色、金墨色、浅绿色和变色等；汽车防爆膜按照产地不同可分为进口和国产；汽车防爆膜按照等级不同可分为普通防爆膜、防晒防爆膜和隔热防爆膜等。

汽车防爆膜的类型如下。

（1）透明膜。大部分的透明膜都是安全膜，这类膜具有玻璃破碎保护和紫外线控制特征，但因不含金属所以没有反射性能。

（2）染色膜。这类膜具有控制眩光和褪色的功能，通过吸收来隔热。这类膜有很多种颜色，是将染色聚酯挤压到无色透明聚酯基片上，或者将颜色混在夹层用胶层或贴膜用胶层里得到的，较常见的方法是在膜上染色。由于这类膜不含金属，其隔热性能主要是通过吸收来完成的，所以效率比反射膜低。

（3）真空镀膜（反光）。真空镀膜就是在真空室中，采用将金属沉积到聚酯基片上的方法生产的玻璃贴膜，因为能大量反射太阳辐射，所以具有极强的阳光热控制特征。传统上它们被分为反射或真空镀膜，也有新的含有金属和金属氧化物的膜，它们看上去“不反光”。

（4）磁控溅射。磁控溅射工艺是目前较先进的玻璃贴膜生产工艺，世界上只有少数玻璃贴膜生产商掌握了这种生产技术。采用磁控溅射工艺生产的玻璃贴膜具有“光谱选择性”，也就是只允许某些波长的光线透过。

2. 汽车防爆膜的性能

优质汽车防爆膜具有防腐蚀的金属氧化层，可有效阻挡太阳热量和刺目眩光，保护汽车内饰件和人体皮肤免受紫外线的伤害。特有的防爆工艺能防止外力撞击造成的风挡玻璃飞溅，因此是如今车主贴膜的首选。车主选择汽车防爆膜时，可通过以下 4 项重要指标作为辨别膜质量的依据。

（1）隔热率。

隔热率是体现隔热性能的重要指标。汽车防爆膜通过反射可见光和吸收红外线的热能，达到阻隔热量的作用，一般优质汽车防爆膜的隔热率在 50%～70%。它的优点是高透光、高隔热，可提高舒适性，降低空调负荷，节省燃油。

（2）紫外线阻隔率。

对于汽车防爆膜来说，紫外线阻隔率的基本性能必须达到 98%以上，优质汽车防爆膜能有效防止驾乘人员被过量的紫外线照射，灼伤皮肤，还能防止车内装饰件不会被晒坏，褪色老化。

（3）可见光透过率。

市场上汽车防爆膜的可见光透过率在 5%～75%，过低的可见光透过率会妨碍驾驶视线，尤其前风挡玻璃的可见光透过率必须达到规定的 70%，否则会严重影响行车安全。

（4）可见光反射率。

汽车防爆膜在反射可见光的同时还能反射部分热量，并保持车内私密性。但是过高的可见光反射率会产生光污染，因此规定汽车防爆膜的可见光反射率不得超过 10%。

三、汽车装贴防爆膜的工作流程

1．汽车装贴防爆膜的工作环境要求

（1）贴膜的室内环境要求。贴膜要在室内进行，贴膜过程必须有一个干净的工作区，无尘土和污垢，污垢必须全过程控制。

（2）贴膜工作区的墙壁和地板要求。对于贴膜来说，浅色或白色的墙面是首选，墙壁颜色越浅，能反射的光越多，更便于观察并贴膜。

此外，要考虑的一个问题是，必须保持地板尽可能的干净，因为这将降低灰尘和空气带来的污染。保持地板的干净，同样会减少从客户汽车上带来的污垢、油脂和油等危险。另一个要考虑的问题是地面防滑，由于在贴膜过程中使用水或水溶液，地板可能是湿的，防滑地面可以增加安全性能，以防止工作人员在湿滑的地板上摔倒。

（3）贴膜时的照明要求。照明良好的顶灯对于汽车玻璃贴膜来说是必需的。贴膜时需要将风挡玻璃彻底清洗干净并精确地裁膜，好的顶灯能提供必要的光线。裁切深色汽车玻璃贴膜时，离地面 1.2～2.4 m 的侧灯能够提供必要的光线。除了顶灯和侧灯，还应该提供一个或多个便携式工作灯，以帮助工作人员观察和裁切膜片。

2．汽车装贴防爆膜的工作流程

目前，市场上的汽车防爆膜有多种品牌，不同品牌的汽车防爆膜贴膜的工作流程各不相同。

例如，某品牌的汽车防爆膜贴膜的工作流程如下。

（1）产品选择。

（2）汽车清洗、检查。

（3）开料（裁膜）。

（4）内外保护，清洗玻璃外侧。

（5）定型，修边。

（6）清洗玻璃内侧。

（7）上膜。

（8）检查，整理。

（9）竣工验收交车。

四、汽车防爆膜常用的贴膜设备和用品

汽车防爆膜常用的贴膜设备和用品如图 6-1 所示。

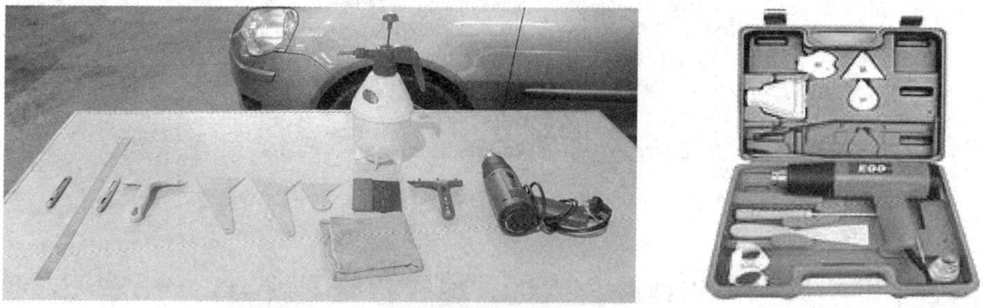

图 6-1　汽车防爆膜常用的贴膜设备和用品

（1）小黄刮板。小黄刮板如图 6-2（a）所示，用于清洗玻璃内侧和贴膜。

（2）大黄刮板。大黄刮板如图 6-2（b）所示，用于刮除残留在膜内的水溶液。

（3）黑手柄刮板。黑手柄刮板如图 6-2（c）所示，其用法与聚乙烯刮板相似，但手柄起到杠杆作用，可以刮除更多的水。

（a）小黄刮板　（b）大黄刮板　（c）黑手柄刮板

图 6-2　各种软、硬刮板

（4）白色硬塑料材质多用途刮板。用于刮除膜片和玻璃间的贴膜溶液。

（5）小刮刀刀架夹住标准刀片。在狭窄的地方使用。

（6）小刮刀刀片或不锈钢刀片。以降低刮伤玻璃的风险。

（7）修整棒。用于处理非常硬且紧的车窗橡胶密封条。

（8）工具围裙。在贴膜时用于放置个人使用的工具。

（9）喷壶或充气喷壶。清洗玻璃和贴膜时用于喷洒贴膜溶液。

（10）热风枪。热风枪也称为烤枪，如图 6-3 所示，用于玻璃贴膜的热成型和收缩，消除“指状突起”和折痕。热风枪具有热停止、降温设置、平稳位置、自动温度控制等功能。

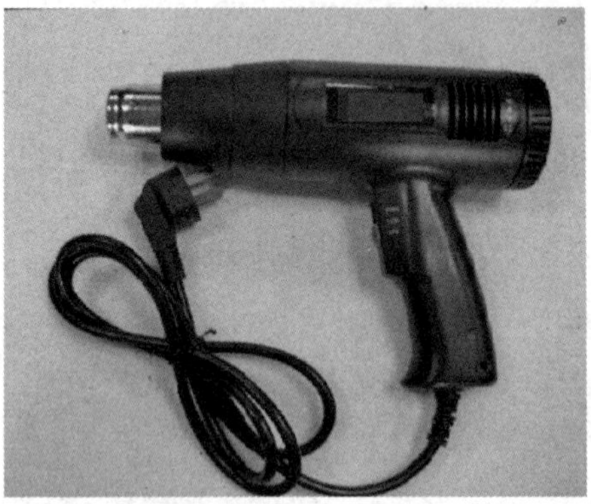

图 6-3 热风枪

① 热停止。如果热风枪与工件距离太近，智能感应器就会自动切断热空气，但气流会继续吹，以便冷却工件。

② 降温设置。快速冷却，用于安全低温处理的热敏感材料。

③ 平稳位置。扁平的底座使热风枪能够平稳地垂直放置，然后可以安全地使用双手来弯曲管道或软管。

④ 自动温度控制。工作时按下按钮，预选合适的温度，热风枪通过电子控制系统保持恒温。

（11）无纺毛布。无纺毛布如图 6-4 所示，用于风挡玻璃的清洁和吸收多余的水分。无纺毛布的吸水性较好并且不会掉毛屑。

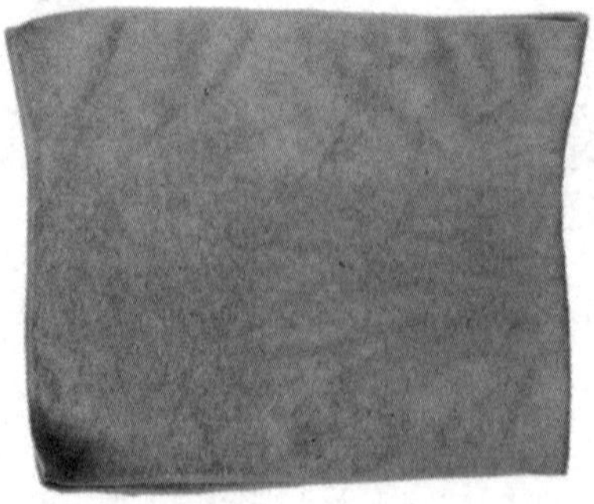

图 6-4 无纺毛布

（12）裁膜刀。用于裁膜，同时也用于修整风挡玻璃的橡胶密封条。

（13）直尺。用于裁剪车窗尺寸和汽车防爆膜。

（14）各种标准工具。用于拆卸后制动灯（标准的螺丝刀）、后座、车门板和公制插座等。

（15）贴膜用水。贴膜用水是表面活性剂（肥皂或清洁剂等），用于清洗和贴膜。例如，玻璃清洗剂如图 6-5 所示，用于汽车防爆膜施工过程中汽车玻璃表面的清洗，以及撕除原有汽车防爆膜之后清除汽车玻璃上面的残胶等。将玻璃清洗剂和水按照一定比例稀释，使用时用喷壶喷洗。

图 6-5　玻璃清洗剂

（16）工作台。常用的工作台台面是用玻璃制作的，工作台面可以水平放置或倾斜放置，但是建议工作台玻璃板倾斜放置，倾斜角度为 3°～15°。

五、汽车装贴防爆膜的操作规程

1. 汽车防爆膜的鉴别

汽车防爆膜质量和性能的鉴别可以使用肉眼观看法、手触摸法、实验法、气泡鉴别法等。

（1）肉眼观看法。通过肉眼观察汽车防爆膜的透视性和清晰度。优质汽车防爆膜无论颜色是深是浅，其透视性和清晰度均良好；而劣质汽车防爆膜在起黏合作用的黏合胶中，靠颜色隔热，所以看起来有雾蒙蒙的感觉。不论汽车防爆膜的颜色是深是浅，优质汽车防爆膜在夜间的清晰度应在 6 m 以上。

（2）手触摸法。汽车防爆膜采用的材料很脆且比较薄。优质汽车防爆膜手感厚实、平滑、韧性较好；而劣质汽车防爆膜手感薄而脆，容易起皱。

（3）实验法。撕开衬贴，用酒精擦拭胶面，若掉落严重，则是劣质汽车防爆膜；反之则是优质汽车防爆膜。

（4）气泡鉴别法。当撕开汽车防爆膜的塑料内衬后，再重新复合时，劣质汽车防爆膜会起泡；而优质汽车防爆膜复合完好如初。

（5）隔热性的鉴别。在一个碘钨灯上，放一块贴着汽车防爆膜的玻璃，把一只手放到玻璃的另一面，手感觉不到热的是优质汽车防爆膜；而立即有烫手感觉的是劣质汽车防爆膜。

另外，也可以使用专业的仪器，通过测试汽车防爆膜隔热率的方法来鉴别它的优劣。

2．贴膜前的注意事项

（1）贴膜最怕灰尘，一旦在贴膜过程中，膜和玻璃中间粘上沙粒或细微尘土，就会影响整个贴膜的质量和效果，所以贴膜必须在无尘车间内进行。

（2）在汽车座椅上放置罩布以保护地毯和装饰件，以及后部盖板和音箱盖。

（3）清除、检查，或找出障碍或困难区域。

① 注意第三制动灯。有时候可以让膜片绕开或先拆卸第三制动灯，贴膜完成后，再装回第三制动灯。

② 内置天线用双面胶粘着。如果内置天线被固定在玻璃上，可以取下来，贴膜完成后，再装回内置天线。

③ 除雾线。如果后风挡有除雾线，在清洗和贴膜时就必须十分小心。

注意

某些类型的除雾线仅仅是金属涂料。如果不够小心，刀片剐蹭有可能导致除雾线故障。

④ 后部盖板。可能影响玻璃底部的贴膜，也可能含有大量的灰尘或污垢，贴膜时要注意。

3．裁膜的操作规程

（1）使用直尺测量前/后风挡玻璃的尺寸，其中包括长度和宽度，如图 6-6 所示。测量尺寸的过程中应该按照与玻璃外侧对齐的情况来取值，同时要注意直尺应该保证与玻璃的弯曲弧度一致，避免最终裁剪的汽车防爆膜尺寸不够的情况出现。

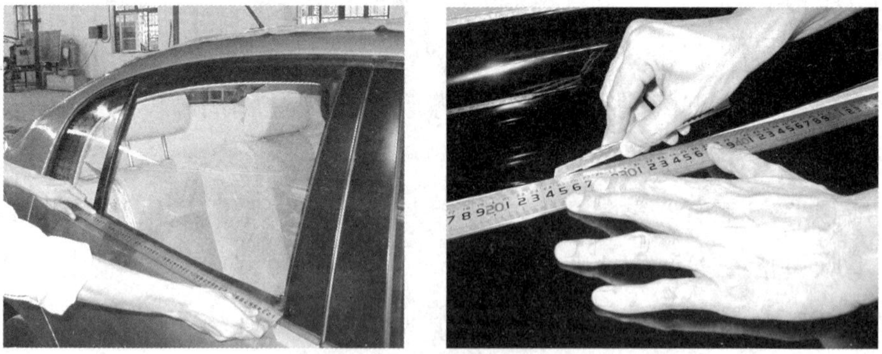

图 6-6　使用直尺测量前/后风挡玻璃的尺寸

（2）在膜卷上按照已经测量好的前/后风挡玻璃的尺寸进行裁剪。

（3）先裁前挡膜。前挡膜高度在 76 cm 以上，建议横裁，用干烤法定型；前挡膜高度在 77 cm 以下，建议直裁，这样比较省料。

（4）再裁后挡膜。一般采用直裁的方式。

（5）最后裁侧窗。侧窗顶部裁膜尺寸要大于原车玻璃边缘尺寸 5 cm，侧窗左右两边裁膜尺寸要大于原车玻璃边缘尺寸 0.25 cm。侧窗底部在上膜时预留 1～1.5 cm 的余量。裁侧窗膜，不分方向。

4．内外保护，清洗玻璃外侧的操作规程

（1）将毛巾铺设在汽车内饰上，如图 6-7 所示，避免施工过程中损伤汽车漆面，方便摆放工具。

图 6-7　将毛巾铺设在汽车内饰上

（2）车门内侧粘贴保护膜，在汽车座椅上套上保护套。

（3）使用至少 2 cm 宽的美纹纸贴住车门、车窗密封槽边上的内毡毛。

（4）清洗玻璃外侧，如图 6-8 所示。

图 6-8　清洗玻璃外侧

5．定型，修边的操作规程

（1）侧窗。除个别车款，侧窗防爆膜基本上不需要加热预定型，可直接覆在玻璃外侧，对膜进行压刮定型，如图 6-9 和图 6-10 所示。利用原车玻璃顶部边缘作实际尺寸裁切防爆膜，修边准确，将膜要贴合玻璃底部的尺寸加 1 cm，然后轻轻压住防爆膜向下移动，使顶部膜边缘与原车玻璃顶部边缘留空 0.2～0.3 cm。

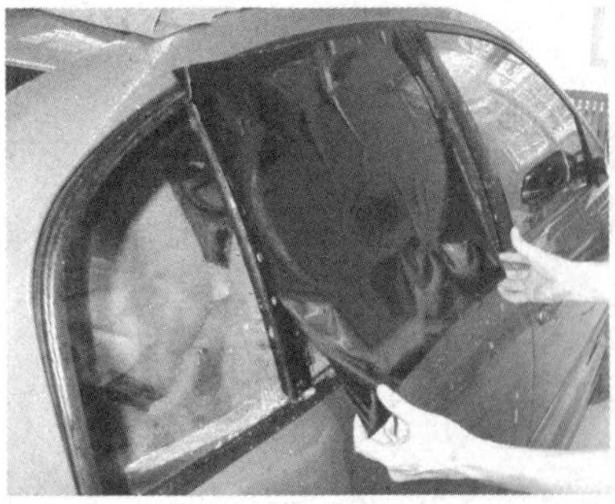

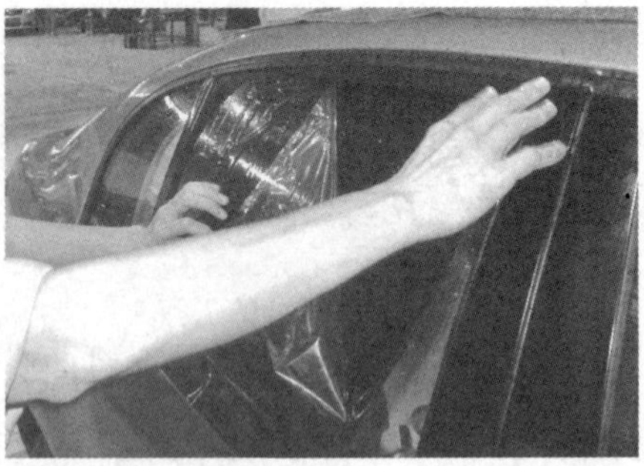

图 6-9　可直接覆在玻璃外侧

图 6-10　对膜进行压刮定型

（2）前/后风挡玻璃。利用前/后风挡玻璃的外侧曲面为模型进行预定型，将覆盖有保护膜的一面向外铺在玻璃上，在离原车玻璃外边缘 2 cm 处，使用剪刀剪去多余的边膜。

（3）汽车防爆膜的形状与风挡玻璃的弧度基本上已经吻合了，但是为了进一步提高汽车防爆膜的伏贴性，还需要对汽车防爆膜进行伏贴性整形。因此需要使用烤枪加热膜使之定型，如图 6-11 所示。

图 6-11　使用烤枪加热膜使之定型

目前烤膜的基本方法有两种：湿烤和干烤。

湿烤方法是常用的烤膜方法。在玻璃上喷洒贴膜溶液，将玻璃贴膜覆盖到球面玻璃上，使用烤枪对多余的膜或“指状突起”收缩进行伏贴性整形。

干烤方法是在球面玻璃上贴膜的最新方法，在贴膜行业，通常被认为是较高级的贴膜方法，适合现代球面汽车玻璃。干烤是将婴儿粉撒在膜和玻璃之间代替贴膜溶液，避免了湿烤时水形成的“指状突起”。膜浮在婴儿粉上可以防止膜的防划伤层粘贴到玻璃表面上，这将允许贴膜人员在膜的整个区域加热成型，而不仅仅是“指状突起”部分，同时可以减少对膜及胶施加的压力。

（4）膜经过加热定型后，按照玻璃内侧贴膜的最大尺寸进行精确裁切，如图 6-12 所示。进行精确裁切时，需要透光灯对准汽车防爆膜切割的边缘，在选择汽车防爆膜的切割位置时，应该保证切割后的汽车防爆膜与窗框之间存在 3 mm 的间隙，具体操作时可以沿着玻璃外侧的第二圈黑点进行切割。这样既可以保证留有足够的间隙，又可以增加美观性。留出间隙的目的是便于挤出汽车防爆膜与玻璃之间的安装液，减少汽车防爆膜边缘出现尘点的现象，降低汽车防爆膜边缘出现腐蚀、损坏的可能性。

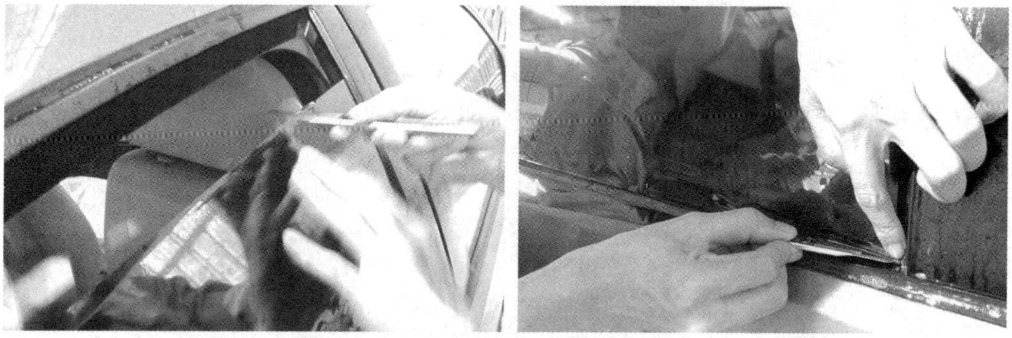

图 6-12　按照玻璃内侧贴膜的最大尺寸进行精确裁切

当遇到玻璃内侧面贴附有内后视镜之类的固定物时，还要开出对应孔位和接缝，以便贴膜时不用拆卸该固定物。

将修好边的膜小心地卷成筒状取下，用清水冲洗干净，移送到车厢内，注意保持清洁。

6．清洗玻璃内侧的操作规程

玻璃内侧面是真正的贴膜面，清洁一定要彻底，应按照下列要求反复清洁。

（1）向车窗密封槽内喷洒适量的贴膜溶液，如图 6-13 所示，使用直柄塑料刮板直接清理内槽（注意：直柄塑料刮板要包裹一层无纺布或擦蜡纸，一个方向不要来回擦拭，以免沙粒、污垢黏附于擦蜡纸后又被带回槽内，每刮一次要变换擦蜡纸的清洁面）。

图 6-13　向车窗密封槽内喷洒适量的贴膜溶液

（2）在仪表板上铺垫一条干燥的大毛巾，防止清洁玻璃时水滴流入仪表板内。

（3）对车厢内部空间喷洒细微的水雾，使空气中的尘埃沉积下来，减少汽车座椅和地板的扬尘。

（4）在玻璃上喷洒贴膜溶液，然后采用手摸的方式检查和剔除稍大的尘粒，对于黏附得较牢的污垢和撕下的残胶，可以用钢片刮刀去除。

（5）使用硬质的直柄塑料刮板自上而下，由中间向两边清除玻璃上的灰尘，每刮扫一次必须清除刮板上的污物。整幅玻璃每刮扫一遍，就要使用贴膜溶液喷洒一次，最后使用刮板刮除积水，确认玻璃已十分光滑干净时才可开始贴膜。

7. 上膜的操作规程

（1）先撕掉已预定型的膜上的保护膜，在其涂胶面喷洒贴膜溶液，再对整幅玻璃喷洒贴膜溶液，然后将膜粘贴在玻璃上，如图 6-14 所示，接着在车窗上调整膜位置，如图 6-15 所示。

图 6-14　将膜粘贴在玻璃上

图 6-15　在车窗上调整膜位置

（2）一般上膜多数采用由上至下贴法，优点是能有效避免沙粒粘到膜上。由玻璃顶部开始撕开膜上端的一部分，保护膜慢慢往下刮压，一边撕除保护膜一边向下移动刮压，直至玻璃底部。将铁片薄板插入密封胶边缘与玻璃隔开，先把膜的两个边角嵌入，移动铁片薄板便能将膜与玻璃底部贴合到位。

（3）在膜的中间位置赶水，使用刮板挤刮水分，如图 6-16 所示，赶刮时一只手按扶住玻璃外侧，使玻璃内侧赶水时的力度分散均匀，同时避免玻璃受刮板压力而摆动，然后将撕下的保护膜覆盖在膜面上。刮板刮贴在保护膜上避免将膜面刮伤，赶水时刮板不能用太大力，动作应缓慢柔和，注意不要将膜折损。

图 6-16 使用刮板挤刮水分

刮净贴膜溶液的较好技术是连续用力地交叠刮水，小心谨慎并连续的用力可以提高贴膜质量。

（4）检查窗膜的所有边缘，并使用包裹纸巾或棉布的刮板挤封，以吸出挤出的水分。所有边缘必须挤封，以免在固化期间空气、水分、灰粒等从边缘渗入窗膜底部。

（5）遇到局部有不贴合的地方，可以按照预定型的方法，使用吹风机加热，使膜与玻璃之间无任何气泡或皱纹。

8. 检查，整理

当安装工作完成后，所有玻璃仔细地擦洗（内表面和外表面），去除条纹水迹和污迹，使全车有光亮的外观。

查看问题区域：是否有气泡、水泡或微小的地毯纤维，若有应沿某一边缘排除。硬质刮水片能排除大部分问题。

把汽车擦净后驶到室外，进行最后的视觉检查。

9. 贴膜后的注意事项

（1）贴前挡膜后，白天停车时要尽量朝着太阳方向晒，这样会使前挡膜干得快些。一般需要半个月左右才会彻底干透，包括后挡膜。

（2）贴完汽车防爆膜后，三天内要避免升降风挡玻璃。因为刚贴完膜的风挡玻璃和膜之间还含有水分，所以这时升降风挡玻璃容易造成膜的边缘脱落，严重的话，会使膜无法与风挡玻璃再次贴合。

（3）贴完汽车防爆膜后，三天内不要洗车。由于专业洗车设备水压高，水容易从车窗边缘被打进渗入，会造成风挡玻璃和膜的边缘部分含水量大，三天内升降风挡玻璃时还容易造成膜的边缘脱落。

（4）三天内有天窗的汽车在行驶过程中，尤其是高速行驶中不要开天窗。因为天窗开启后，车内外空气会产生对流，容易造成前挡膜的边缘脱落。

（5）如果遇到膜边缘起泡，应在24小时内到施工地点进行修复，一旦超过时间处理，因泡的周边胶已干透，膜周边已不能移动，处理时一定会产生折痕。

（6）贴完汽车防爆膜后，一个月内禁用黏性很强的标签直接贴至膜上，以免造成膜的局部脱离。

【拓展知识】

1. 玻璃贴、防爆膜的基本结构

玻璃贴、防爆膜的基本结构包括强力的紫外线吸收单元、防划伤层等，如图6-17所示。

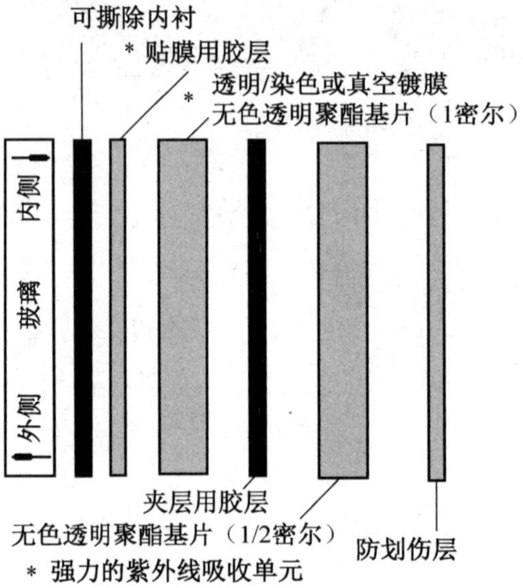

图6-17 玻璃贴、防爆膜的基本结构

2. 玻璃贴、防爆膜的隔热率

玻璃贴、防爆膜的隔热率就是阻断的热量的百分比。玻璃贴、防爆膜是通过反射和吸收来隔热的。一般来说，阳光中的可见光和近红外线照射物体随时都会将能量转变为热量，并以远红外线的形式再辐射出去，人造灯光和火炉等的辐射也是远红外线。隔热率是反射的热辐射和可见光与红外热被吸收后再向外侧辐射的热量的总和。这种特性为消费者带来以下基本好处。

（1）提高制冷效率。

（2）降低能源消耗，减少开支。

（3）增加舒适性。

（4）平衡汽车室内的温度。

任务实施

汽车防爆膜装贴

（1）清洗车窗。使用毛巾保护好汽车内饰，再使用专用清洗剂、塑料刮刀等清洗车窗，如图 6-18 所示。特别要注意的是，车窗一定要清洗干净，不能粘有任何胶粒、沙粒等杂物。

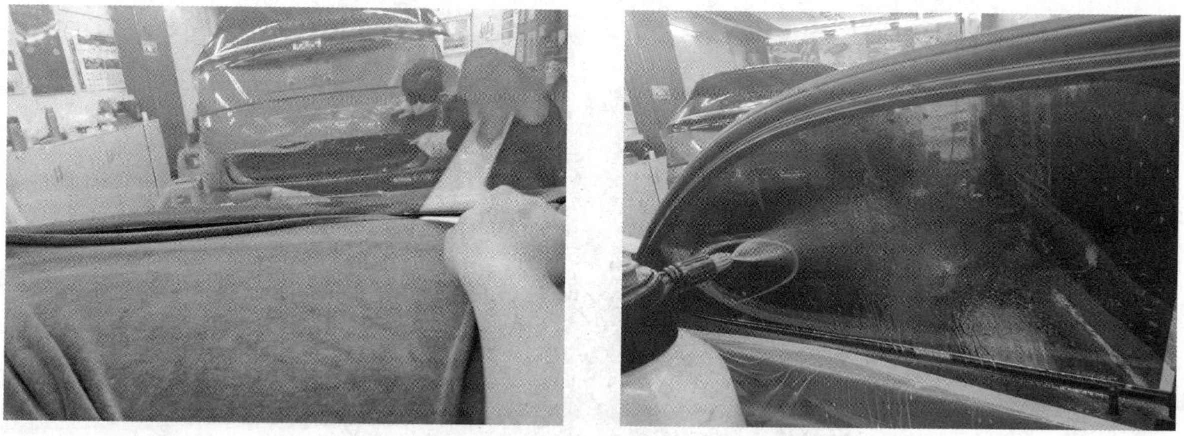

图 6-18　清洗车窗

（2）裁膜。根据车窗的尺寸裁剪合适的汽车防爆膜，如图 6-19 所示。

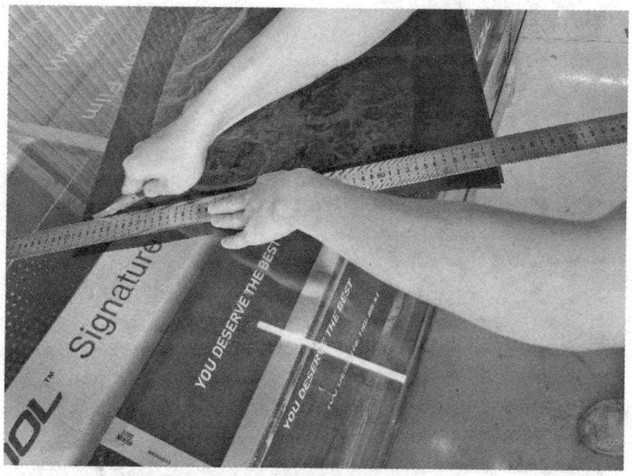

图 6-19　裁膜

（3）定型。当给前/后风挡玻璃贴膜时，需要使用热风枪对膜进行加热，使膜变形完全贴合玻璃，并形成一定的弧度，如图 6-20 所示。

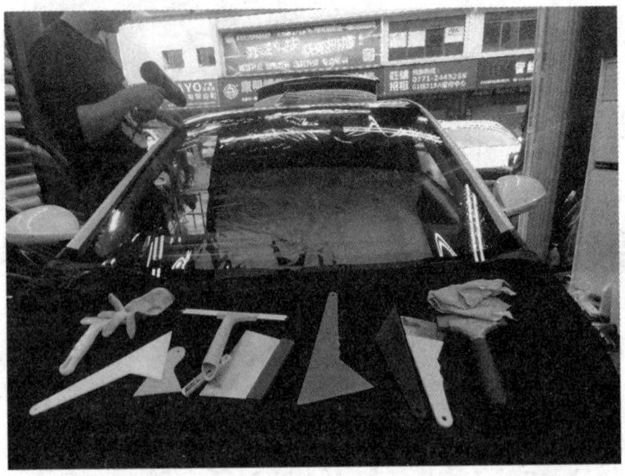

图 6-20 定型

（4）修边。将膜临时固定在车窗上，用刀将膜多余的部分修剪掉，如图 6-21 所示。

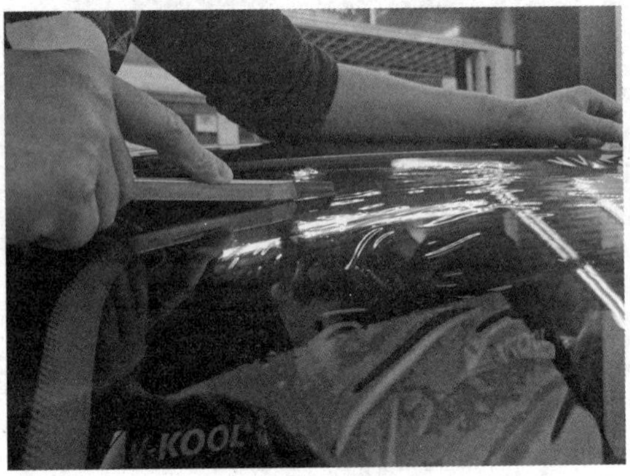

图 6-21 修边

（5）分膜。将汽车防爆膜的保护膜和汽车防爆膜分开，在中间均匀地喷洒一层清水或加有清洁剂的混合水溶液，如图 6-22 所示。将膜卷起来放好，等所有膜准备好后再贴。

图 6-22 分膜

（6）上膜。在车窗内侧均匀地喷洒一层清水或加有清洁剂的混合水溶液，如图 6-23 所示，然后将汽车防爆膜贴在车窗上，如图 6-24 所示。

图 6-23　喷洒混合水溶液

图 6-24　上膜

（7）赶水。使用塑料刮刀轻轻地压在膜上，从中间向两边将里面的水赶出来，如图 6-25 所示。

图 6-25　赶水

（8）现场“7S”管理。在车窗升降器开关上粘贴提示条，清洁汽车及场地。

素养与思政

本任务要求分组训练，各小组必须按照规范的操作方式装贴汽车防爆膜，力求对专业技能做到精益求精，弘扬大国工匠精神。各小组在实训过程中必须团结一致、相互合作学习，操作过程中注意安全，要求全程实现“7S”管理。

技能训练

在实训车间完成以下工作。

1．按照规范的流程完成汽车防爆膜的贴膜作业。

2．小组成员相互合作，按照规范的流程操作，注意安全，全程要求按照“7S”管理标准操作。

任务2 汽车倒车声音影像系统、行车记录仪的安装及底盘装甲

知识目标

1. 了解汽车倒车声音影像系统、行车记录仪的构造及作用。
2. 了解汽车底盘装甲的设备和用品。
3. 了解汽车底盘装甲的工作流程。

能力目标

1. 能正确安装汽车倒车声音影像系统、行车记录仪。
2. 能规范操作完成汽车底盘装甲防护处理。

思政目标

1. 通过汽车倒车声音影像系统、行车记录仪的安装及底盘装甲规范的操作流程，培养学生对汽车倒车声音影像系统、行车记录仪的安装及底盘装甲工艺精益求精的工匠精神。

2. 通过学生小组合作学习，培养学生爱岗敬业、团结互助的价值观。

3. 通过对汽车底盘装甲材料等用品的性价比进行比较，引导学生使用国产品牌，培养学生的爱国主义情怀

任务引入

刘先生买了一辆家用小汽车，由于在买时没有太在意汽车的配置，使用一段时间后对配置不太满意，因此决定去安装一个倒车声音影像系统同时做一个底盘装甲。

本项目针对初学者介绍了汽车倒车声音影像系统、行车记录仪及底盘装甲等产品的安装步骤，使初学者尽快掌握汽车装饰的基本知识及技能。

相关知识

一、倒车声音影像系统

倒车声音影像系统是一种汽车的系统，这种新研发的倒车后视系统直观、清晰，给车主带来极大的便利，它能让驾驶员在车内实时监控车外两侧及车后视频画面的情况，避免意外事件发生。

倒车声音影像系统经过多年的发展，从简单的倒车雷达系统到可视倒车声音影像系统，已经实现了从原来光听声音来辨别到如今的视频可视化，无论从性能上、直观上，还是使用效果上，都取得了重大的突破。不管是从结构和外观上，还是从性能和价格上，如今的倒车声音影像系统产品都各有特点。

1．倒车声音影像系统的构造

倒车声音影像系统又称停车辅助系统。倒车声音影像系统主要由一个安装在后方、两侧的广角摄像机，一个负责信号处理与传输的控制单元，一个负责显示的显示器和辅助零部件等装置构成。

辅助零部件包括转向角度传感器，用于计算摄像机图像中的辅助线；驻车辅助控制单元提供目前是否通过按钮或挂入倒挡激活驻车辅助信息，以及驻车控制单元是否损坏的信息。

倒车声音影像系统广泛应用于各类汽车倒车或行车。倒车声音影像系统在倒车时，让驾驶员更加直观地看清楚汽车周围的状况，对于倒车安全来说是非常实用的配置之一。倒车声音影像系统如图 6-26 所示。

图 6-26　倒车声音影像系统

2. 倒车声音影像系统的工作原理

倒车声音影像系统采用远红外线广角摄像装置安装在车身后部，通过车内的显示屏，可以将车身后部道路的信息清晰地显示出来。由于采用远红外线技术，即使在晚上也能看得一清二楚。倒车声音影像系统在汽车挂倒挡时，会自动接通位于车身后部的远红外线广角摄像装置，将车后状况清晰地显示于倒车液晶显示屏上，让驾驶员准确把握后方路况。倒车声音影像系统比全方位倒车雷达更加直观、可靠。

3. 倒车声音影像系统的作用

倒车声音影像系统是汽车停车或倒车时的安全辅助装置，能以影像显示告知驾驶员周围障碍物的情况，解除驾驶员停车、倒车和起动汽车时前后左右探视所引起的困扰，帮助驾驶员扫除视野死角和视线模糊的障碍，提高驾驶的安全性。

4. 360 度全景倒车声音影像系统

360 度全景倒车声音影像系统是一套通过车载显示屏观看汽车四周 360 度全景融合、超宽视角、无缝拼接的实时图像信息（鸟瞰图像），帮助驾驶员了解汽车四周视线盲区，更为直观、更为安全地停放汽车的停车辅助系统，如图 6-27 所示。

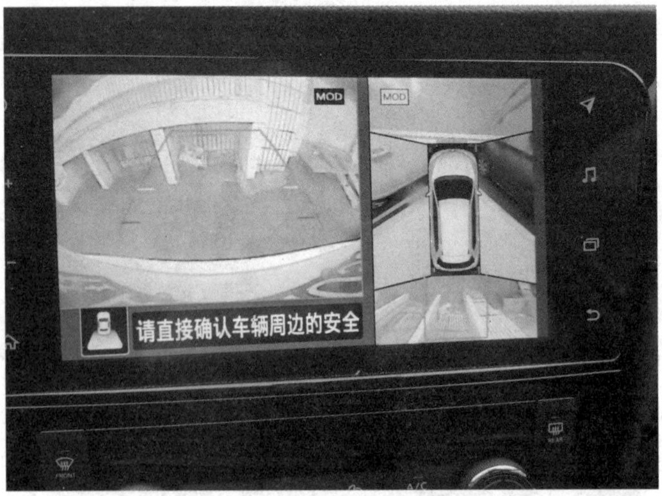

图 6-27　360 度全景倒车声音影像系统

360 度全景倒车声音影像系统在汽车周围安装能覆盖汽车四周所有视角范围的 4 个广角摄像头，对同一时刻采集到的多路视频影像处理成一幅汽车四周 360 度的车身俯视图，最后在中控台的屏幕上显示（有别于分割图像），可彻底消除汽车四周的视觉盲点，让驾驶员在车内实时监控车外前、后、左、右视频画面的情况，避免意外事件发生；同时配备的前后超声波雷达辅助倒车，更是驾驶员的第三只眼睛，让驾驶员清楚地查看汽车四周是否存在障碍物并准确地了解障碍物的相对方位与距离，避免了倒车时因驾驶员看不到车后和左右两边的情况而发生剐蹭与车祸，并可以通过画面的指示调整入库、倒库的角度，帮助驾驶员安全轻松地停放汽车。

5. 倒车声音影像系统的安装步骤

（1）切记要先拆除蓄电池电源供电连线，拆除后的连线要远离电极，以防电源接通。

（2）准备好后视镜头线束，把车牌小灯取出后，将线束穿过车牌小灯的位置。

（3）利用撬开的牌照灯内的卡扣安装摄像头，把撬开后的灯泡安装到摄像头上。

（4）连接转接线。在摄像头的两根转接线中，红的接倒车灯的正极，黑的接倒车灯的负极，摄像头的信号线连接延长线的一端。

（5）找到倒车线、延长线。通过后备箱电源线和汽车门槛压板等，使延长线走线到仪表板。

（6）延长线连接到显示器上。

二、行车记录仪

行车记录仪即记录汽车行驶途中的影像及声音等相关资讯的仪器，如图 6-28 所示。安装行车记录仪后，能够记录汽车行驶全过程的视频图像和声音，可为交通事故提供证据。

图 6-28 行车记录仪

1. 行车记录仪的构造

不同的行车记录仪产品有不同的外观，但其结构基本一样，主要由以下基本部分组成。

（1）主机包括微处理器、数据存储器、实时时钟、显示器、镜头模组、操作键、打印机、数据通信接口等装置。如果主机本体上不包含显示器、打印机等，那么应留有相应的数据显示和打印输出接口。

（2）车速传感器。

（3）数据分析软件。

（4）红外线摄像头作为夜视功能的重要组件是必不可少的。

2. 行车记录仪的作用

（1）行车记录仪可以维护驾驶员的合法权益。针对无视交通法规横穿公路的行人，以及骑自行车、摩托车的人，如果和他们发生剐蹭，那么驾驶员可以用行车记录仪为自己提供有效的证据。

（2）将监控录像记录回放，事故责任一目了然，交警处理事故快速准确，既可以快速撤离现场恢复交通，又可以保留事发时的有效证据，营造安全畅通的交通环境。

（3）如果每辆汽车都安装行车记录仪，驾驶员也不敢随便违章行驶，事故发生率也会大幅度下降，肇事车辆都会被其他车辆的行车记录仪拍摄下来，交通肇事逃逸案将大大减少。

（4）法院在审理道路交通事故案件时，在量刑和赔偿上将更加准确和有据可依，也给保险公司的理赔提供了证据。

（5）遇到专业碰瓷的和拦路抢劫的人，行车记录仪可以提供破案的决定性证据，如事故发生现场和案犯的外貌特征等。

（6）喜欢自驾游的朋友，还可以用它来记录征服艰难险阻的过程，开车时边走边录像，同时把时间、速度、所在位置都记录在录像里，相当于“黑匣子”。

（7）行车记录仪可以在家用作 DV，拍摄生活乐趣，或者作为家用监控使用，平时还可以用作停车监控。

3. 行车记录仪安装的注意事项

（1）行车记录仪机身一定要与风挡玻璃或者后视镜牢牢地固定在一起，防止汽车颠簸震动。开车避免不了颠簸震动，行车记录仪在遇到颠簸的路况时，根本拍不清车外的情况，拍摄的图像周围要么模糊变形，要么拍摄的景物与实际距离相差甚远。

（2）安装合适的角度，不要遮挡视线。常见的行车记录仪的安装方式用玻璃吸盘支架固定在前风挡玻璃上面，或者把行车记录仪安装在后视镜上面，这样安装更加隐蔽，视线不受影响。

（3）走线要注意就近原则，驳接要专业，尽量保持原车电路。一般情况下的布线步骤为：确定行车记录仪的安装位置后，从后视镜上方沿着车顶边缘布线，沿副驾驶 A 柱下来，走到手套箱下方，进入中控台，连接到点烟器熔断器。

三、汽车底盘装甲

1. 汽车底盘装甲的作用

汽车因受夏日里地表的烘烤、酸雨的侵蚀、砂石路上飞石的撞击等影响，造成汽车底盘伤痕累累。汽车底盘装甲就是在汽车底盘的汽车大梁、保险杠、发动机罩等金属表面，喷涂一层 2～4 mm 厚的弹性密封材料，犹如给汽车底盘穿上一层“铠甲”。

汽车底盘装甲具有以下作用。

（1）防护路面砂石对汽车底盘的击打。底部养护材料的厚度可达 2～4 mm，可以防护汽车在行驶过程中溅起的小石子对汽车底板的击打。汽车底盘装甲后的状态如图 6-29 所示。汽车的漆膜一旦被击破，锈蚀便从疵点开始并从铁板内部缓慢扩大。

图 6-29　汽车底盘装甲后的状态

（2）防止轻微的拖底摩擦。底部养护材料的厚度可达 2～4 mm，当车身底部被路面凸起剐蹭时，将减轻对汽车底盘的伤害。

（3）预防酸、碱、盐等对汽车底盘的腐蚀。底部养护材料能隔绝潮湿的水汽、酸雨、融雪剂、洗车碱水等，从而起到防锈、防腐蚀的作用。

（4）汽车底盘防振。汽车发动机、车轮均固定在汽车底板上，它们的振动在某一频率上会与汽车底板产生共振，使人产生不舒适的感觉，车身底部防护会消除这种共振。

（5）降低行驶时噪声的传导，提供安静的驾驶环境；阻止汽车底盘热传导，使客舱内冬暖夏凉。

（6）延长汽车的使用寿命。通常新车使用三年左右，汽车底盘就会发生锈蚀。保护汽车底盘就等于保护汽车上面的各个系统，可以延长汽车的使用寿命。

2. 汽车底盘装甲的工作流程

汽车底盘装甲是在汽车底盘的一些零部件表面喷涂一层 2～4 mm 厚的弹性密封材料。汽车底盘装甲应严格按照企业标准的流程操作，工作务必细致严谨。汽车底盘装甲的工作流程是由汽车底盘零部件的清洗、除锈和除油工序，拆卸或密封不需要装甲的零部件工序，喷涂汽车底盘装甲材料工序等三个工序组成的。

汽车底盘装甲的工作流程如下。

（1）汽车底盘清洗，汽车底盘零部件的二次清洗、除锈和除油。

（2）拆卸或密封不需要装甲的零部件。

（3）喷涂汽车底盘装甲材料。

（4）安装被拆卸的零部件，去除密封物，清洁场地。

3. 汽车底盘装甲的设备和用品

（1）汽车底盘装甲材料。

目前有多种多样的汽车底盘装甲材料，主要分为汽车底盘装甲（水性）、汽车底盘装甲（油性）两种，它们都可以用于汽车底盘、轮弧、尾翼、后备箱等部位。这些汽车底盘装甲材料附着力强、弹性极佳，不仅具有优良的施工性能，还具有防水、耐酸碱性、防止螺钉松脱、长效防锈、优越的隔音性能，以及抗撞击、抗老化、固化干燥时间短、柔韧性好等性能。

（2）水溶性底盘装甲材料。

水溶性底盘装甲材料如图 6-30 所示。

（3）汽车底盘装甲喷枪。

汽车底盘装甲喷枪的喷嘴口径在 2 mm 以上，用于汽车底盘装甲喷涂。汽车底盘装甲喷枪如图 6-31 所示。

图 6-30 水溶性底盘装甲材料

图 6-31 汽车底盘装甲喷枪

（4）排刷。

排刷用于涂刷汽车底盘不宜喷涂的部位。

（5）汽车底盘清洗必需的清洗工具。

这些清洗工具包括毛巾、钢丝刷、高压水壶、120#水砂纸、铁铲刀、吹气枪、除油剂等。

（6）举升机。

举升机用于举升汽车。

（7）0.4 MPa 压力以上的气源。

例如，空气压缩机用于汽车底盘装甲喷涂。

（8）遮蔽纸、美纹纸。

遮蔽纸、美纹纸用于遮盖汽车底盘不施工部位。

（9）施工人员防护用品。

施工人员防护用品包括防护套、防护帽、防护镜、防护口罩等。

任务实施

一、倒车声音影像系统的安装

（1）拆卸多媒体主机，连接倒车摄像头视频线（黄色）及小蜂鸣器接线（蓝色），如图 6-32 所示。

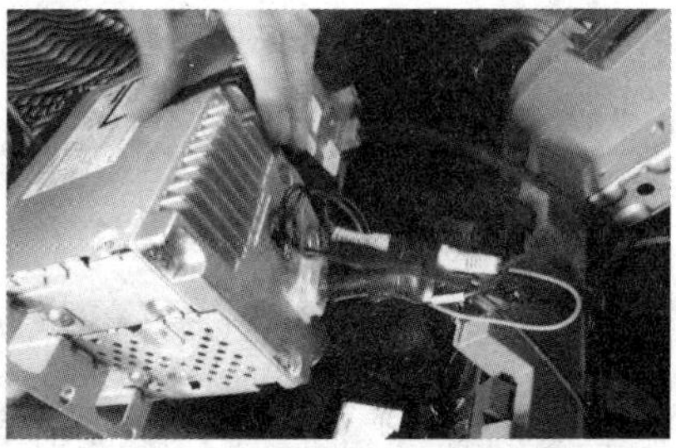

图 6-32　拆卸多媒体主机

（2）倒车摄像头接线，如图 6-33 所示。其中 3 号线头接倒车灯正极，2 号线头接多媒体主机倒车信号线。

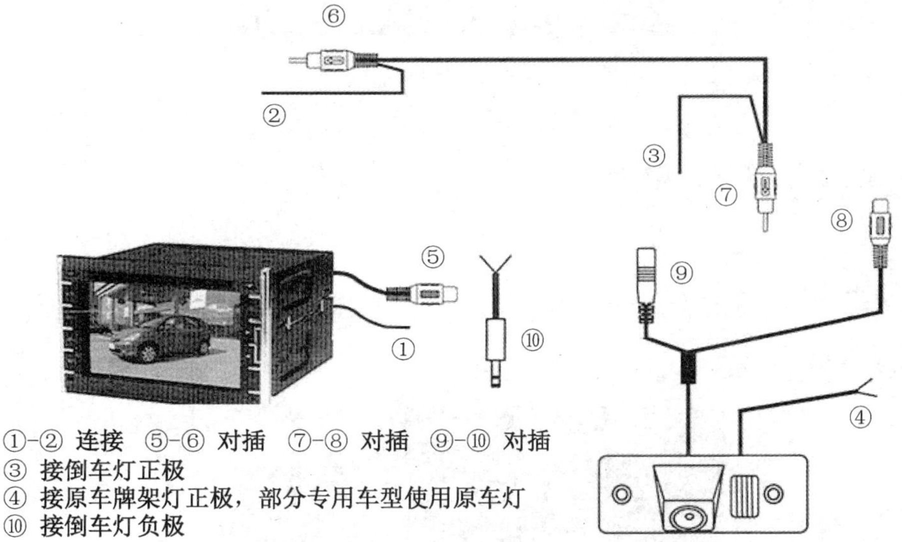

图 6-33　倒车摄像头接线

（3）拆卸后门内饰板，如图 6-34 所示。

（4）从倒车灯电源线处接倒车摄像头正极、负极电源线，如图 6-35 所示。

（5）将汽车后座侧门边的密封胶扒开，然后使用牵引铁丝把电源延长线拉出，并顺着密封胶塞入电源延长线，一直到驾驶区门边；使用内饰件撬板撬松后门内饰板，然后使用牵引铁丝将电源延长线引到后门内饰板靠内一侧，最后通过仪表板下方连接到主机上。

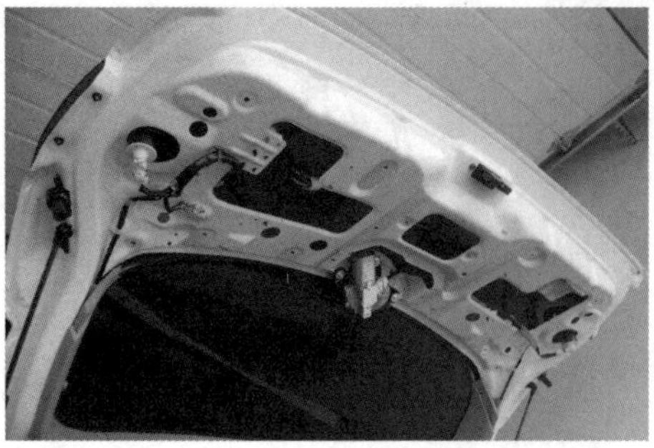

图 6-34 拆卸后门内饰板

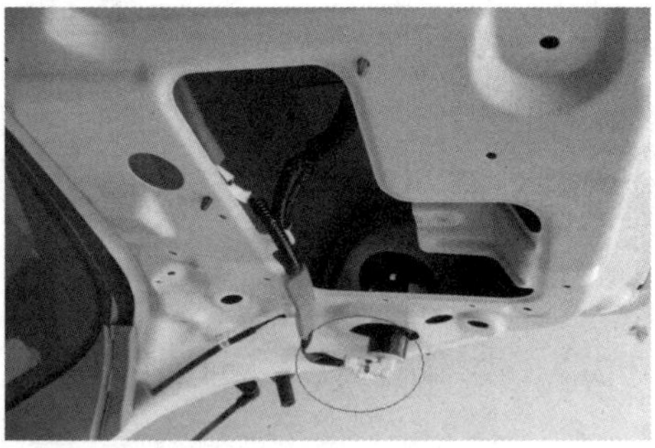

图 6-35 接倒车摄像头正极、负极电源线

（6）将倒车摄像头放到牌照灯上方的中间预留孔，若没有预留孔，则钻孔放入。安装倒车摄像头如图 6-36 所示。

图 6-36 安装倒车摄像头

二、行车记录仪的安装

（1）把主机摄像头固定于反光镜前方，调整好大概的位置，接通电源后再精确地调整。安装主机如图 6-37 所示。

图 6-37 安装主机

（2）沿 A 柱装饰板往下走暗线，如图 6-38 所示。

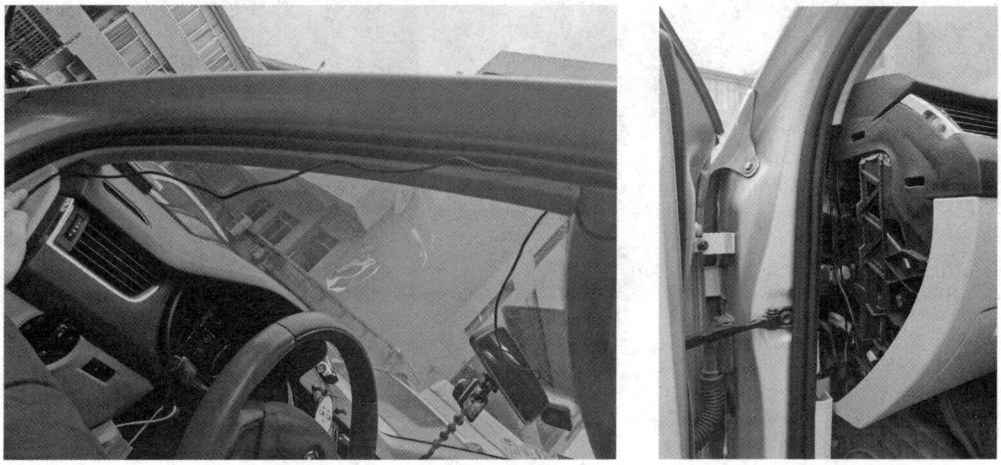

图 6-38　沿 A 柱装饰板往下走暗线

（3）在保险盒上找到点烟器熔断器，将主电源线绕在点烟器熔断器上，插回即可。

（4）汽车上外露的金属都是电源的负极，黑色的地线接到汽车上没有油漆的螺钉即可。选配点烟器熔断器的车主不用接上面的两根线，沿 A 柱装饰板走线下来即可，然后直接插到点烟器熔断器上。连接点烟器熔断器电源如图 6-39 所示。

图 6-39　连接点烟器熔断器电源

（5）安装完成后接通电源，观看实时影像。

三、汽车底盘装甲

（1）清洗汽车底盘，如图 6-40 所示。

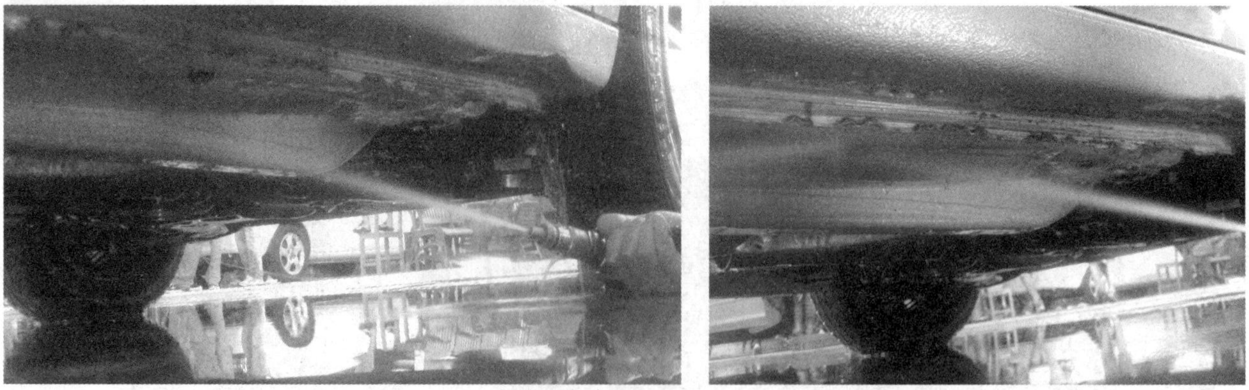

图 6-40 清洗汽车底盘

（2）汽车底盘零部件的二次清洗、除锈和除油。

① 使用发动机清洗剂清洗汽车底盘零部件外壳，如图 6-41 所示。

② 使用刷子清洗汽车底盘零部件外壳，如图 6-42 所示。

③ 使用毛巾清洗汽车底盘零部件外壳，如图 6-43 所示。

图 6-41 使用发动机清洗剂清洗汽车底盘零部件外壳

图 6-42 使用刷子清洗汽车底盘零部件外壳

图 6-43 使用毛巾清洗汽车底盘零部件外壳

（3）拆卸或密封不需要装甲的零部件。

① 使用遮蔽纸密封不需要装甲的零部件，如图 6-44 和图 6-45 所示。

图 6-44　密封不需要装甲的零部件（一）

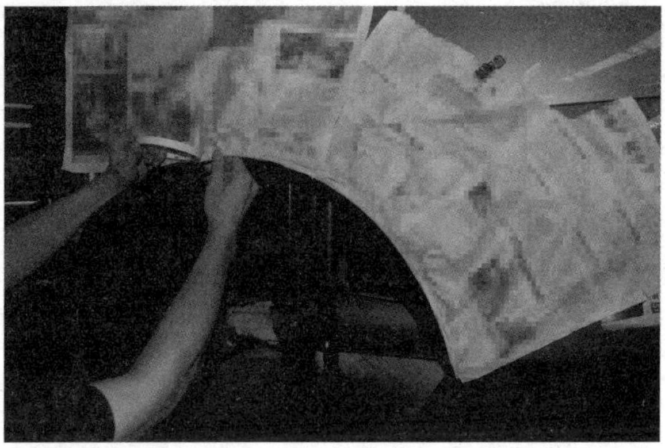

图 6-45　密封不需要装甲的零部件（二）

② 拆卸汽车车轮等零部件，如图 6-46 所示。

图 6-46　拆卸汽车车轮等零部件

（4）喷涂汽车底盘装甲材料。

使用喷枪喷涂汽车底盘装甲材料，如图 6-47 所示。汽车底盘喷涂完成后的效果，如图 6-48 所示。最后清洁喷涂汽车底盘装甲材料时被弄脏的车身，汽车底盘装甲完毕后的车身清洁如图 6-49 所示。

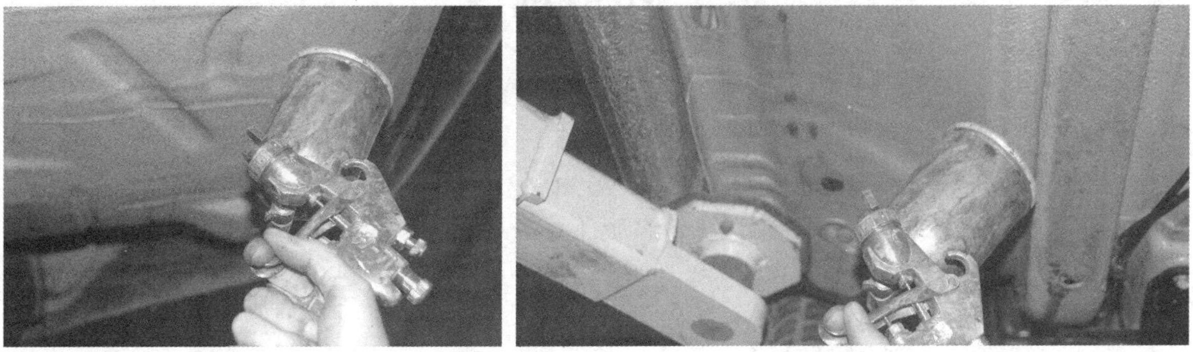

图 6-47　使用喷枪喷涂汽车底盘装甲材料

图 6-48　汽车底盘喷涂完成后的效果

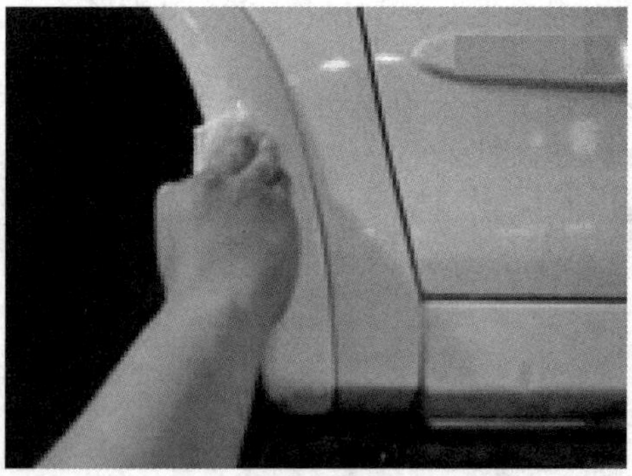

图 6-49　汽车底盘装甲完毕后的车身清洁

（5）安装被拆卸的零部件，去除密封物，清洁场地。

素养与思政

本任务要求分组训练，各小组必须按照规范的操作方式安装汽车倒车声音影像系统、行车记录仪及底盘装甲，力求对专业技能做到精益求精，弘扬大国工匠精神。各小组在实训过程中必须团结一致、相互合作学习，操作过程中注意安全，要求全程实现“7S”管理。

【拓展知识】

EDR（Event Data Recorder），俗称汽车的“黑匣子”，指汽车事件数据记录系统，用于记录车辆碰撞前、碰撞时、碰撞后三个阶段中汽车运行的关键数据（速度、ABS 状态、安全带状态等）。

当车辆发生碰撞或者速度剧烈变化时，EDR 系统就会被触发，开始记录。当出现事故中驾驶员踩制动踏板的行为，EDR 系统就会保存制动信号是从多少毫安到多少毫安，并记录减速、最后停止的整个过程。专家介绍，EDR 系统除了记录驾驶员的操控数据，还会记录车辆状态、车速变化状态、纵向横向的加速度、方向转角、制动节气门状态等，特别是当具备辅助驾驶功能的车辆发生事故时，EDR 系统能分辨出到底是车辆的系统故障，还是人为的操作失误，有助于判定事故的责任。

技能训练

在实训车间完成以下工作。

1. 按照规范的流程安装倒车声音影像系统、行车记录仪。

2. 根据汽车要求完成汽车底盘装甲的施工。

3. 小组成员相互合作，按照规范的流程操作，注意安全，全程要求按照“7S”管理标准操作。